여호와 닛시!

여호와 닛시!

군사전문가가 바라본 성경의 5대 불가사의 전쟁

여호와 닛시!

노병천 지음

"모세가 단을 쌓고
그 이름을 '여호와 닛시!'라 하고
가로되 여호와께서 맹세하시기를
여호와가 아말렉으로 더불어 대대로 싸우리라
하셨다 하였더라."
(출애굽기 17:15-16)

"전쟁은 여호와께 속한 것인즉!"
(사무엘상 17:47)

이 책을 영적 전투의 현장에서
승리자가 되기를 원하시는
모든 분들께 바칩니다.

머리말
—— 여호와는 나의 깃발이시라! ——

성경에는 약 130여 회의 크고 작은 전쟁사건이 기록되어 있습니다. 저는 직업군인으로서, 그 동안 전쟁과 병법에 관한 연구를 계속 해 왔습니다. 그 연구의 산물로 12권의 관련 단행본을 발간하였는데, 그 중 저에게 특별한 의미를 가지는 책자는 지난 1996년도에 발간한 〈성경의 전쟁사〉였습니다. 성경에 나오는 주요 전쟁을 추적하여 이스라엘·요르단·이집트 등 현지를 직접 방문한 결과, 하나님의 은총으로 한 권의 책자를 완성하여 세상에 내놓을 수 있었습니다.

무엇보다도 전쟁 가운데서 구체적으로 역사하시는 하나님을 세상에 증거하고 싶었습니다. 살아 계신 하나님의 존재를 믿는 사람에게는 물론, 하나님을 믿지 않는 이 땅의 수많은 불신자들에게도 실증적으로 보여 주고 싶었습니다. 그런데 저는 현장에서 이러한 전쟁을 연구하면서 해석하기도 어렵고 납득하기도 어려운 여러 전쟁사건들을 접하게 되었습니다. 동시에 어떻게 이러한 사건들을 받아들여야 할지 무척이나 고심했습니다. 깨닫는 지혜를 달라고 날마다 간절히 부르짖을 수밖에 없었습니다.

특히 그 중에서도 아브라함과 북방 왕과의 전쟁, 모세의 홍해사건과 르비딤전투, 여호수아의 여리고성 함락 작전, 기드온의 300용사, 다윗과 골리앗의 대결 등은 참으로 이해하기 어려운 전쟁사건들이었습니다. 그래서 저는 〈성경의 전쟁사〉를 발간한 후, 이 불가사의한 전쟁들을 다시 집중적으로 연구하기 시작하였습니다. 물론 전적으로 "전쟁은 여호와께 속한 것"(사무엘상 17:47)이기 때문에 복잡하게 생각할 필요도 없이 그저 하나님께서 다 그렇게 하셨다고 넘겨 버리면 아무런 문제가 되지 않겠지요. 그렇지만 군사전문가로서 남다른 길을 걸어 온 저에게는 많은 아쉬움이 있었습니다.

그래서 이 책에는 비록 미흡하지만 이 불가사의한 5대 전쟁에 대한 저 나름대로의 연구결과가 수록되어 있습니다. 이를 통하여 저는 하나님의 구체적인 임재를 다시 한번 증거하고자 노력하였습니다. 특히 제가 관심을 가졌던 분야는 이러한 전쟁을 실제로 지휘하였던 지도자들, 곧 아브라함과 모세와 여호수아와 기드온과 다윗이라는 인물들에 대한 것이었습니다. 비록 전쟁의 전반은 하나님께서 이끌고 가셨지만 말입니다. 이들의 성품적 특징을 유형별로 잘 관찰해 보면, 아마 오늘 우리도 그들 중 어느 한 명과 매우 흡사함을 발견할 수 있을 것입니다. 그렇기 때문에 이들 한 명 한 명을 깊이 이해함으로써 우리도 하나님 앞에서 당당히 설 수 있는 일꾼으로 부름받을 수 있으리라는 소망을 가질 수 있을 것입니다.

그러나 이 책 발간의 가장 큰 목적이 있다면, 그것은 독자들로 하여금 '하나님을 발견'하는 데 도움을 드리는 것입니다. "어리석은 자는 그 마음에 이르기를 하나님이 없다 하도다"(시편 14:1)라고 성경은 말하고 있습니다. 세상 지식이 아무리 많다 할지라도 하나님을 알지 못한다면 그것은 헛되고 헛된 것이 될 것입니다.

　일본의 저널리스트인 다치바나 다카시는 3층 건물을 가득 채운 자신의 서가인 '책의 요새'에 살면서 세상의 모든 지식을 얻으려고 애쓰고 있다고 하는데 정작 그 가운데는 하나님이 빠져 있습니다. 과연 '생명'이 빠져 버린 세상 지식이 그 자신에게 무슨 유익이 있을까요? 무려 4만여 권의 책 속에 묻혀서 하루종일 책만 파 본들 그 속에 하나님이 없다면 무슨 소용이 있느냐 그 말입니다. 그래서 잠언 1장 7절에는 "여호와를 경외하는 것이 지식의 근본"이라고 말하고 있습니다. 참으로 여호와를 알고 그를 경외하는 것이 모든 지식의 기초요 근본이 되는 것입니다. 우리는 우리의 자녀들에게 이것을 확실하게 가르쳐야 할 것입니다.

　하나님께서는 당신을 사랑하는 백성을 위하여 전쟁이라고 하는 극단적인 수단을 사용하십니다. 하나님이 싸우시는 전쟁에는 두 가지 형태가 있습니다. 첫째는 그가 사랑하시는 백성을 위하여 그들을 괴롭히는 적과 싸우시는 것이요, 둘째는 그의 백성이 범죄하였을 때 하나님은 그 백성을 회개시키기 위한 극단적인 방편으로 그 백성을 향하여 하나님께서 스스로 전쟁을 일으키는 것입니다. "저가 만일 죄를 범하면 내가 사람막대기와 인생채찍으로 징계하려니와"(사무엘하 7:14)라고 하는 말씀을 보면 하나님은 결코 하나님의 백성이 죄를 짓는 것을 간과하지 않으심을 알 수 있습니다. 어떻게 해서라도 하나님의 사람을 하나님의 사람답게 만들려고 하시는 것이 바로 하나님의 속마음이십니다. 사람막대기와 인생채찍이 개인을 떠나 국가차원이 될 때 이것이 바로 전쟁이 되는 것입니다.

　어느 형태의 전쟁이 되건 하나님께 속해 있는 이러한 전쟁들은 하나

님께서는 하나님이 택하신 백성을 결코 포기하지 않으심을 우리에게
보여 주시고자 하는 오직 한 가지 목적 아래 이루어지고 있습니다. 이
러한 사실을 진실로 깨달을 수만 있다면, 우리는 어떠한 환경에서도
좌절하지 않고 하나님을 바라보며 참 소망을 가질 수 있을 것입니다.

우리 인생살이도 마치 전쟁과 같습니다. 전쟁은 바로 지상에서 겪을
수 있는 지옥의 한 단면이라 할 수 있습니다. 견딜 수 없는 고통과 배
고픔, 불안과 좌절, 공포와 두려움으로 가득한 현장이 바로 전쟁입니
다. 이러한 전쟁 가운데서 역사하시는 하나님, 그 가운데 소망으로 거
하시는 하나님, 이 작은 책을 통하여 이러한 하나님을 발견하시기를
소원합니다.

여호와 닛시란 '여호와는 나의 깃발이시라!'(The Lord is my Ban-
ner!)라는 뜻입니다. 깃발이 군대에서 사용될 때에는 바로 군기가 됩
니다. 군기는 부대의 상징인데, 이 군기가 전쟁터에서는 최전방에 위
치하여 용사들의 마음을 이끌어 나가는 역할을 하게 됩니다. 요란한
진군 나팔소리와 함께 군기가 힘차게 펄럭이는 전쟁터를 연상하실 수
있습니까? 군기를 든 용사는 군대에서 가장 용감한 용사입니다. 그리
하여 총알이 빗발치는 전쟁터에서도 조금도 겁내지 않고 선두에 우뚝
서서 전진을 합니다. 만일 총알이 그의 가슴을 뚫고 지나가더라도 그
군기는 부대가 살아 있는 한 스러지지 않고 그 다음의 용감한 용사의
손에 들려 있을 것입니다.

우리 모두는 날마다 영적 전쟁의 현장에 서 있습니다. 믿는 우리는
그 전쟁터에서도 멀리 있는 후방이 아니라 총알이 빗발치는 최전방에
위치하고 있습니다. 그렇기 때문에 우리에게 더욱 필요한 것은 여호와
의 깃발입니다. 삶의 기준을 제공하고, 어떻게 살아야 하는지 삶의 방

향을 제공하는 여호와의 깃발을 바라볼 때 우리는 비로소 승리할 수 있습니다.

그런데 이 책을 집필하면서 이른바 군사전문가라고 하는 저 자신도 분명한 한계를 느꼈습니다. 그것은 제가 성경의 불가사의한 전쟁들을 아무리 현대적인 군사전략과 병법의 관점에서 조목조목 설득력있게 풀어 보려고 애썼지만, 결코 시원한 해답은 찾을 수 없었다는 것입니다. 그래서 얻은 귀중한 결론은 역시 '전쟁은 하나님께 속한 것'이라는 확신입니다. 나아가 전쟁을 포함한 우리 인생의 모든 불가사의한 문제의 해답도 오직 역사의 주관자이신 창조주 하나님 안에서만 발견될 수 있다는 사실입니다. 이것이 저의 궁극적인 신앙고백입니다.

믿지 않는 집안에서 태어나 장로라는 영광스러운 직분까지 친히 이끌어 주신 아브라함의 하나님께 싶이 감사드리며, 사랑하는 아내 수리와 두 아들 호림·호준, 정성들여 책을 만들어 주신 도서출판 아침의 길청자 사장님, 그리고 저를 위해 언제나 기도해 주시는 사랑하는 부모님과 많은 목사님들과 믿음의 형제자매들에게 깊이 감사를 드립니다.

2001년 7월 15일

장로 임직예식이 있던 날,
모든 영광을 하나님께 돌리며

차례

아브라함이 살았던 헤브론에 심어져 있는 상수리나무

I. 선택받은 자의 표본

아브라함

*

〈318명과 북방왕전쟁〉

누가 아브라함을 믿음의 조상이라고 했던가? 나는 아브라함을 오히려 하나님으로부디 일방적으로 선택을 당한 자의 표본으로 부르고 싶다. 그의 생애를 추적하다 보면 아무짝에도 쓸모없었던 한 인간이 어떻게 하여 하나님이 사용하시는 귀한 도구로 만들어지는가를 명백히 알 수 있다. 그리하여 초기 아브라함과 같았던 우리들도 하나님의 일방적인 선택으로 승리의 삶을 살 수 있다는 소망을 가지게 된다. 아브라함은 하나님이 직접 전도하신 최초의 인간이다.

∞

318명으로 막강한 북방 왕 군대들을 격파한 후 귀환한 아
브라함에게 떡과 포도주를 가지고 환대하는 멜기세덱(1891
년 독일 쾰른 대성당의 스테인드 글라스)

성경에 나오는 최초의 전쟁

구약성경에는 약 130회의 전쟁사건이 기록되어 있습니다. 그러면 성경에 나오는 최초의 전쟁은 무엇일까요? 예, 그렇습니다. 창세기 14장 1절에서부터 12절까지에 나오는 싯딤 골짜기 전투가 바로 그것입니다. 당시 상황을 잠시 보자면, 소돔과 고모라, 아드마, 스보임, 소알 등 사해주변의 다섯 성읍들이 그 동안 조공을 바치면서 잘 섬겨 왔던 엘람왕 그돌라오멜을 13년차에 배반하게 되는데 이에 격분한 그돌라오멜은 주변 동맹국의 세 왕들을 끌어 모아 14년차에 이들 다섯 성읍에 대한 응징형식의 침공을 하게 되었습니다.

이들 이른바 북방왕들은 놀라운 기세로 달려 내려와서 차례대로 르바임족속, 수스족속, 엠족속, 호리족속, 아멜렉족속 등을 격파하고 드디어 멀리 우회하여 사해 남단부로 진격해 올라왔습니다.

바짝 겁이 난 사해일대의 다섯 성읍들은 공동전선을 펴서 이들을 막으려고 했습니다. 그러나 역부족이었습니다. 혹시 이들 소돔과 고모라를 비롯한 다섯 성읍들이 마음을 돌이킬까 하여 13년차에 1년의 회유기간을 준 바 있었는데, 이 기간동안 북방왕들은 이미 만반의 전쟁준비를 하였고, 그리하여 철저한 침공작전 계획하에 군사훈련에도 익숙한 상태였습니다. 그러니 어떻게 소돔과 고모라의 다섯 성읍들이 이들 군대를 막을 수 있었겠습니까?

더구나 이들 다섯 성읍들은 사해에서 나오는 소금을 이웃나라에 팔아서 엄청난 부를 축적하였고 이러한 부를 가지고 온통 육욕적인 쾌락에 젖어 있었던 족속들인지라 전쟁준비는커녕 제 몸 하나 가누기 어려울 정도로 몸과 마음이 썩어 있는 상태였던 것입니다.

북방왕들이 사해남단 싯딤 골짜기에 다다르자 곧바로 다섯 성읍의 군대는 오합지졸들의 아우성으로 아수라장이 되었고 도망가기에 바빴지만 그 지역일대는 소금구덩이가 많았고 역청들의 갈라지는 곳이 많아서 도망가다가 그 구덩이에 빠져 많은 희생자를 내게 되었습니다. 부를 가져다 준 소금이 죽음을 가져다 주는 원인으로 작용했던 것입니다.

이렇게 하여 소돔과 고모라를 비롯한 다섯 성읍들은 북방왕들에게 철저히 도륙당하였고 아브라함의 조카인 롯과 가족 그리고 그들 성읍의 많은 부녀자들은 이들의 포로가 되었으며, 많은 재물들이 전리품으로 빼앗기게 되었습니다.

이것이 성경에 나오는 눈에 보이는 최초의 전쟁이었습니다. 하나님은 우리의 눈에 보이는 생생한 사건들을 통해서 역사하심을 알 수 있습니다. 실제로 있었던 사건 속에 하나님은 깊고도 오묘하신 뜻을 펼쳐 나가시는 것이지요.

다시 말해서 눈높이를 우리들과 같이 하셔서 우리들이 이해할 수 있는 어떤 높이에서 자신의 섭리를 보여 주시는 것입니다. 전혀 사람들이 이해할 수 없는 것으로 구원의 역사를 이끌지 않으신다는 것이지요. 그래서 예수님의 설교를 보면 아주 쉽지요. 바로 옆에 보이는 백합화를 보시면서 비유하셨고, 바로 발 밑에 있는 돌밭을 보시면서 씨 뿌

여호와 닛시 !

리는 비유를 말씀하셨습니다. 그래서 진리는 쉬운 것에 있고 가까이 있다는 말이 있습니다.

마찬가지로 구약 속에 나오는 전쟁사건도 꾸며낸 형이상학적인 허상이 아니라 실제로 이스라엘 역사 속에 나오는 전쟁사건이었으며, 하나님은 그 눈에 보이는 전쟁을 통해 구속사적인 경륜을 이루어 나가시는 것입니다. 이렇게 볼 때 성경에 나오는 최초의 전쟁이었던 싯딤 골짜기 전투는 우리에게 시사하는 바가 많습니다.

인류 최초의 전쟁이었던 하와와 사단과의 전쟁이 그러했듯이 싯딤 골짜기 전투도 인간의 탐욕이 전쟁의 불씨였고 결국 탐욕의 결과는 패배와 죽음뿐이라는 것을 보여 준 전쟁이었습니다.

여러분이 너무도 잘 아시는 바와 같이 이러한 혹독한 전쟁을 치렀던 소돔과 고모라가 그 후에도 정신차리지 않고 끝까지 쾌락과 탐욕의 극치를 계속 추구하다가 결국 하나님에 의해 유황불로 멸망하는 심판을 받게 되었지요? 그러고 보면 인간들은 참으로 어리석은 존재들인가 봅니다. 마치 곧 죽을 줄 알면서도 불 속으로 뛰어드는 불나비와 같다고나 할까요? 개가 자기가 토한 것을 또다시 먹는 것과도 같다고 할까요?

이렇게 하여 북방왕들은 싯딤 골짜기 전투에서 개가를 올리며 롯을 비롯한 많은 사람들과 재물을 탈취하여 북쪽으로의 귀환길에 올랐습니다.

이 전쟁사건이 중요한 이유는 곧바로 이어지는 아브라함의 단전투와 직접 연결되기 때문입니다. 구속사적 차원에서 아브라함의 단 전투는 빼놓을 수 없는 커다란 비중을 차지하는 전쟁입니다.

선택받은 자의 표본 * 아브라함

아브라함의 단 전투

이 때 아브라함은 헤브론 부근의 마므레 상수리 수풀 근처에 살고 있었는데 도망한 자에 의해 즉각 이 소식을 들었습니다. 조카 롯이 끌려갔다니? 아마 삼촌인 아브라함은 매우 통분했을 것입니다. 그런데 북방왕의 군대가 어떤 군대들입니까? 침공길에 내려오면서 르바임 족속을 비롯한 여섯 족속들을 모조리 격파하고 드디어 사해일대 다섯 성읍의 군대까지 모조리 섬멸했던 무시무시한 군대가 아니었습니까? 이러한 군대를 맞아 아브라함이 무엇을 할 수 있었겠습니까?

이미 그의 나이는 84세의 늙은이! "집합!" 하며 모아들인 군사의 수는 318명! 그러나 아브라함은 주저하지 않고 이들 북방왕들에 대한 추격전에 나섰습니다. 도대체 북방왕의 군사수가 얼마가 될 것인지 생각도 하지 않고 곧장 318명을 인솔하여 맹렬히 북으로, 북으로 달려갔습니다. 그리고 밤새도록 달려 마침내 이들 북방왕들을 단에서 잡고 야간을 기해 기습공격으로 이들을 파하고, 다시 혼비백산하여 도망하는 북방왕 군대들을 다메섹 좌편 호바까지 쫓아가서 빼앗겼던 모든 재물과 조카 롯과 부녀와 포로된 백성들을 구하여 돌아왔습니다.

여러분, 이 장면을 잘 보시기 바랍니다. 어떻게 해서 84세의 아브라함이 마므레 상수리에서 호바까지 무려 220킬로미터 이상을 달려 겁도 없이 이들 북방왕의 막강한 군대를 칠 수 있었을까요? 어디서 그 용기와 배짱이 생겨났을까요? 성경의 어느 구석에 돋보기를 끼고 찾아봐도 아브라함이 별도의 군사훈련을 받았거나 전쟁술에 능하다고 하는 대목을 찾아볼 수 없습니다. 그렇다면 이 장면을 어떻게 해석해야 좋을까요?

그렇습니다. 이제 아브라함은 전쟁의 승패는 인간의 손에 달려 있는

여호와 닛시!

것이 아니라 하나님의 전적인 섭리에 달려 있음을 누구보다도 절실히 깨달았던 것입니다. 그래서 호세아 1장 7절에 있는 말씀을 굳게 믿고 있었던 것입니다 :

> "저희 하나님 여호와로 구원하겠고 활이나 칼이나 전쟁이나 말과 마병으로 구원하지 아니하리라."

그리하여 사람들의 눈에는 비록 318명이었지만 아브라함은 그들과 함께 하시는 하나님을 보이지 않는 눈으로 본 것입니다. 그래서 냉큼 달려서 막강한 북방왕들을 추격할 수 있었고 드디어 완전하게 그들을 격파할 수 있었습니다.

이 때 아브라함이 행했던 맹렬한 추격전과 야간기습 공격작전은 후일 유명한 알렉산더 대왕과 나폴레옹이 즐겨 사용하게 되는 전법의 모델이 됩니다. 곧 알렉산더의 말처럼 "인마가 지쳐 쓰러질 때까지 달려라!"라고 하는 추격작전의 전형이 되었고, 그 때까지만 해도 주간에만 주로 전쟁을 했었는데 야간을 기해 기습적으로 전쟁을 한 새로운 전쟁 모델을 아브라함이 만들었던 것입니다. 참으로 재미있지요?

하나님을 몰랐던 아브라함

불과 318명을 거느리고 그 막강했던 북방왕 군대를 주저없이 추격할 수 있었던 담대한 믿음을 가졌던 아브라함은 도대체 누구였습니까? 처음부터 아브라함이 이러한 믿음을 가졌을까요? 처음부터 아브라함이 이렇게 하나님만을 전적으로 의지하는 담대한 배짱과 용기를 가졌

을까요? 만일 그렇다면 우리는 기가 팍 죽게 되고 언제까지나 아브라
함은 우리와는 관계가 먼 저 멀리 성경 속에 존재하는 접근 불가능한
위대한 믿음의 조상이 되는 것입니다.

자, 지금부터 형편없었던 시절의 아브라함으로 돌아가 보겠습니다.
아브라함의 고향은 메소보다미아 강변에 있는 갈대아 우르였습니다.
당시 갈대아 우르는 메소보다미아의 수도로서 찬란한 문명을 구가하고
있었습니다. 그런데 문제는 이 도시에는 온갖 우상신들이 있었다는 것
입니다. 특히 나나(nanna)라고 하는 월신을 섬기는 제단들이 즐비했
고 지구랏이라고 하는 삼층으로 된 거대한 탑 위에는 이 나나를 섬기
는 제단이 위치하고 있었습니다. 이 지구랏의 모형은 바벨탑의 모형으
로 간주하고 있습니다. 당시 이러한 종교적 풍토 속에서 아브라함의
아버지 데라는 이들 나나신을 섬기는 사제였습니다. 데라는 물론이고
당연히 아브라함에게도 여호와 하나님은 없었지요. 이 사실을 뒷받침
해 주는 성경말씀이 여호수아 24장 2절에 나옵니다 :

> "여호수아가 모든 백성에게 이르되 이스라엘 하나님 여호와의
> 말씀에 옛적에 너희 조상들 곧 아브라함의 아비, 나홀의 아비 데
> 라가 강 저편에 거하여 다른 신들을 섬겼으나……."

그렇습니다. 분명히 아브라함은 당시까지 여호와 하나님을 알지 못
했습니다. 그러던 중 어느 날 아브라함에게 전격적으로 하나님이 나타
나셨습니다. 이 때가 추정컨대 아브라함이 대략 70세 정도 되었을 무
렵일 것입니다. 다 늙은 할아비에게 이제 하나님이 처음으로 나타나신
것입니다. 사도행전 7장 2-3절에 보면, 스데반이 설교할 때 이 때의
장면이 언급됩니다 :

여호와 닛시!

"여러분 부형들이여, 들으소서. 우리 조상 아브라함이 하란에 있기 전 메소보다미아에 있을 때에 영광의 하나님이 그에게 보여 가라사대, 네 고향과 친척을 떠나 내가 네게 보일 땅으로 가라 하시니."

그렇습니다. 하란에 있기 전 메소보다미아 갈대아 우르에 있을 때 이미 하나님이 나타나신 바 되었습니다. 자, 여러분, 이제부터 여러분은 그 날의 아브라함이 되시는 것입니다. 아브라함이 비몽사몽간에 누워 있는데 갑자기 하늘이 환하게 밝아지더니 엄청난 광채를 지닌 어떤 신이 짱! 하고 나타났습니다. 감히 얼굴을 들어 볼 수도 없이 금빛 찬란한 광채를 가진 분이 아브라함에게 말씀하십니다. "나는 너를 창조한 하나님이다. 나는 지금부터 너를 택하겠다. 그리고 너에게 마음껏 복을 주고 네 자손이 하늘의 별처럼 바닷가의 모래처럼 창대케 해주겠다. 그러니 너는 군말하지 말고 지금 당장 보따리를 싸서 이곳을 떠나라. 네가 가야 할 곳은 내가 보여 주겠다."

여러분이 만일 아브라함이었다면 어떻게 했을까요? 실로 아브라함에게는 일생일대에 중요한 사건이었습니다. 온몸이 벌벌 떨립니다. 겁이 나서 견딜 수 없습니다. 그래서 냅다 뛰어간 곳이 아비 데라의 처소였을 것입니다. 그냥 혼자 삭여 버리기에는 너무도 무시무시한 장면을 목도했던 것입니다.

아비 데라는 갑자기 얼굴이 하얗게 되어 뛰어들어온 아들 아브라함을 보면서 직감적으로 무슨 일이 있었다는 것을 감지합니다. "애야, 무슨 일이 있었느냐?" 이미 나이가 70세가 된 늙은 아브라함이었지만 아비 앞에서는 언제까지나 아이인가 봅니다. 아브라함은 땀을 뚝뚝 흘리며 방금 나타나신 하나님에 대해서 더듬더듬 설명을 합니다.

선택받은 자의 표본 * 아브라함

데라는 너무나도 진지하게 처음 보는 굉장한 신에 대해 얘기를 하는 아브라함을 보고 이제 아브라함과 꼭 같이 겁을 먹었습니다. 데라는 종교심이 두터워서 이방신을 섬기던 사제였습니다. 어쨌든 그에게는 신에 대한 생각이 남들보다 각별했음에 틀림없습니다.

그래서 여호와 하나님이란 분이 어떤 분인지도 모르지만 자칫 그 분의 말씀을 듣지 않았다가는 무슨 날벼락이 떨어질지도 모른다는 두려움에 사로잡혔을 것입니다. 그래서 데라가 주동이 되어서 아브라함과 사래, 그리고 조카 롯의 가족들이 갈대아 우르를 떠나게 되었고 하란에 이르게 되었던 것입니다.

다시 나타나신 하나님

그런데 이제부터 문제가 생겼습니다. 하란에서 데라가 더 이상 가지 않고 아예 눌러 앉아 버렸던 것입니다. 하란까지는 얼떨결에 이상한 신이 떠미는 바람에 왔지만 이제부터는 더 이상 갈 수가 없었습니다. 하란은 메소보다미아 문명의 서쪽 변방으로서 이제 이곳을 떠나게 되면 가나안으로 들어가야 하는데, 그곳은 자신의 문명권과는 전혀 다른 곳이기 때문에 겁이 났던 것입니다. 언제 목숨이 어찌될는지, 언제 그 많은 재산을 잃게 되는지 알 수 없었던 것이지요.

데라라는 이름은 '지연하다/지체하다'라는 의미입니다. 이름 그대로 그는 하란에서 지체하고 말았습니다. 결국 데라는 하란에서 205세의 나이로 죽게 됩니다. 이제 데라가 죽자 아브라함의 생각에는 하란 땅을 제2의 고향으로 삼고 평생 아비의 무덤을 지키며 주저앉아 평안히 안주하려고 했을 것입니다. 제법 하란에서 기반도 잡혔고 어느 정도 사회적인 위치도 있었을 것입니다.

당시 하란은 국제무역 도로가 지나가는 중요한 무역의 요충지로서 많은 대상들이 붐볐던 도시였습니다. 아브라함으로서는 어렵게 정착한 하란에서 떠날 생각이 아마 안중에도 없었을지도 모릅니다. 그런데 어떤 하나님이십니까? 걸림돌이 되었던 데라가 죽자 또 다시 아브라함에게 나타나셨습니다. 창세기 12장 1-2절을 보면 우리가 익히 잘 아는 말씀이 기록되어 있습니다 :

> "여호와께서 아브람에게 이르시되, 너는 너의 본토 친척 아비 집을 떠나 내가 네게 지시할 땅으로 가라. 내가 너로 큰 민족을 이루고 네게 복을 주어 네 이름을 창대케 하리니 너는 복의 근원 이 될지라."

아브라함이 자다가 후다닥 깨었습니다. 아니 갈대아 우르에서 나타나셨던 그 신이 또 다시 하란에서까지 나타나시다니! 아브라함이 여호와를 여호와로 처음 불렀던 기록은 그 후 가나안 땅에 들어가서 다시 나타나신 하나님을 위하여 단을 쌓을 때였습니다(창세기 12장 8절). 어쨌든 그 전까지는 그저 무시무시하고 영광의 광채에 가득 찬 어떤 거대한 신이 아브라함에게 나타나신 것입니다. 이 때 아브라함의 나이가 정확히 75세. 갈대아 우르에서 떠난 지 5년이 흐른 시점이었습니다.

약간 빗나간 얘기를 하자면, 데라가 205세에 죽었을 때 아브라함의 나이가 75세였다면, 데라가 아브라함을 낳았을 때의 나이가 130세라는 결론이 나옵니다. 그렇게 볼 때 아브라함의 가계에서는 100세를 넘은 할아버지라도 아기를 생산할 수 있는 능력이 있었던 것 같습니다. 그래서 아브라함도 100세에 아들 이삭을 얻었지 않았습니까? 물론 하

선택받은 자의 표본 ＊ 아브라함

님이 허락하셔서 주신 아들이었지만 어쨌든 가계상으로 볼 때에는
아기를 가질 수 있었던 나이가 되었다는 것입니다. 참으로 정력이 좋
았던 집안 같지요?

각설하고, 하란에서 또다시 나타나신 하나님을 본 아브라함은 이제
또 정신이 번쩍 들어 조카 롯의 가족과 함께 허둥지둥 가나안 땅으로
들어가게 되었습니다.

단을 쌓은 아브라함

하나님께 떠밀리어 마침내 가나안 땅에 도달한 아브라함은 세겜 땅
모레 상수리 나무에 이르러 또 다시 하나님을 보게 되었고, 이 때 하나
님은 아브라함에게 "내가 이 땅을 네 자손에게 주리라"고 약속하셨습
니다. 그래서 아브라함의 후손들에게는 가나안 땅이야말로 하나님이
주신 '약속의 땅'이었습니다.

아브라함은 자기를 이렇게까지 인도하시는 고마우신 신을 향해 정성
을 다해 단을 쌓았으며, 이 때 처음으로 그 광채가 눈부신 영광의 신을
향해 여호와라 불렀습니다. 그제야 그분이 천지를 만드신 여호와 하나
님이시란 것을 알게 되었던 것입니다.

그런데 가나안 땅에 심한 기근이 들었습니다. 도저히 견딜 수 없었
던 아브라함은 우선 먹고살기 위하여 약속의 땅도 져버리고 남방으로
향하였고, 결국 애굽 땅에 이르렀습니다. 그곳에서 아브라함은 너무나
아리따운 아내 사래를 애굽 사람들에게 빼앗기지 않으려고 아내를 누
이라고 속이게 됩니다. 또 그렇게 해야 자신의 목숨도 보존할 수 있었
기 때문입니다.

　그런데 누이인 줄만 알고 사래를 취하려 했던 애굽 왕 바로 앞에 여호와 하나님이 나타나시어 바로와 그 집에 큰 재앙을 내리셨습니다. 된통 혼쭐난 바로는 허겁지겁 아브라함을 불러들여서 뒤도 돌아보지 말고 네가 있었던 나라로 가라고 하였습니다. 물론 그 전에 아브라함에게 하사했던 수많은 양과 소와 노비와 암수 나귀와 약대를 모조리 가지고 가라고 했지요.

　이 때 아브라함은 과연 어떤 생각을 했을까요? 당시 애굽 왕의 위세는 실로 대단했습니다. 아브라함이 애굽 땅에 왔을 때 이미 우리가 잘 아는 거대한 피라미드가 그 600여 년 전부터 자리하고 있었을 정도였습니다. 실로 애굽 왕은 그들 세계의 말 그대로 태양과 같은 신이었습니다. 그런 애굽 왕이 하룻밤 사이에 혼쭐난 것입니다.

　도대체 여호와 하나님이 어떤 분이시기에 저렇게 막강한 애굽 왕도 말을 더듬을 정도로 벌벌 떨며 꼼짝도 못하는 것일까? 하여튼 여호와란 분은 세긴 센 분이시구나라고 아브라함은 생각했을 것입니다. 그리고 이런 분이 함께 해주신다면 세상에 어떤 것도 두렵지 않을 것이라는 확신도 가졌을 것입니다.

　이제 아브라함은 서서히 여호와 하나님께 대한 믿음이 커지기 시작했고, 드디어 그 믿음은 가나안 땅에 도착한 후 기꺼이 조카 롯에게 아무 땅이든지 먼저 선택하라고 하는 여유까지 내보이게 만들었던 것입니다. 그만큼 자신이 있었다는 얘기이지요.

또다시 나타나신 하나님

　하나님은 끈질기게 아브라함에게 나타나셨습니다. 한번 택한 사람이

선택받은 자의 표본 * 아브라함

니 끝까지 책임을 지고 완전한 하나님의 사람으로 기어이 만드시고야
말겠다는 고집이십니다. 롯을 소돔 땅으로 보낸 그 날에 하나님이 아
브라함에게 나타나시어 자손에 대한 축복의 약속을 하셨습니다. 창세
기 13장 14-16절의 말씀입니다 :

> "롯이 아브람을 떠난 후에 여호와께서 아브람에게 이르시되,
> 너는 눈을 들어 너 있는 곳에서 동서남북을 바라보라. 보이는 땅
> 을 너와 네 자손에게 주리니 영원히 이르리라. 내가 네 자손으로
> 땅의 티끌 같게 하리니 사람이 땅의 티끌을 능히 셀 수 있을진대
> 네 자손도 세리라."

이쯤 되니 아브라함은 여호와 하나님께 대한 믿음이 단단해졌습니
다. 정말이지 이제 어떤 일이 있더라도 여호와만 계신다면 아무 문제
가 되지 않을 것 같았습니다. 그래서 우리가 처음에 보았던 단전투에
서 불과 318명으로 막강한 북방왕 군대를 추격해 내리달릴 수 있었던
것입니다.

세상사람들의 눈으로 볼 때엔 정말 말도 안 되는 만용이었습니다.
마치 계란으로 바위를 치는 모습이었을 것입니다. 그러나 이미 아브라
함에게는 그 위대하신 하나님이 함께 하실 때에 불가능이란 있을 수
없다고 하는 바위보다도 더 단단한 믿음이 있었던 것이었습니다.

그렇습니다. 이 정도가 되도록 하나님은 고집스럽게 아브라함의 믿
음을 키워 주셨습니다. 제로에서 시작했던 아브라함의 믿음을 이제 반
석과 같이 단단하게 만드셨습니다. 하나님이 한 인간을 선택하셔서 어
떻게 구원에 이르게 하는가를 보여 주시기 위해서 하나님은 아브라함
을 임의로 택하셨던 것입니다.

아브라함은 선택받을 만한 어떤 자격도 조건도 없었던 사람이었습니다. 이방신을 섬기던 집안에서, 자기의 알량한 목숨을 보전하기 위해서 아내를 누이로 속였던 비열한 아브라함이었습니다. 그러나 그는 하나님에 의해서 일방적으로 선택을 받았습니다. 누구를 선택하든지 그것은 오직 하나님의 고유한 주권입니다. 왈가왈부할 수 있는 성격이 아닙니다.

우리도 마찬가지입니다. 우리도 마치 초기의 아브라함같이 도무지 택함받을 자격이 없었던 사람들이었습니다. 그런데 하나님은 우리를 사랑하셔서 만세 전부터 택하여 자녀로 삼으시고 구원의 반열에 세워 주셨습니다. 생각해 보면, 이처럼 감격스러운 사건이 있을 수 없습니다. 그래서 우리는 날마다 감사해야 할 조건을 가지고 있는 것입니다.

최초의 십일조

이스라엘은 크기가 남북으로 대략 240킬로미터, 윗부분이 대략 45킬로미터, 아랫부분이 대략 85킬로미터, 면적은 대략 22000제곱킬로미터가 됩니다. 이 크기는 우리나라의 강원도 면적보다 약간 작습니다. 아브라함은 이들 북방왕 군대를 추격하여 220킬로미터 정도를 달려 올라갔었는데, 이 거리는 대구에서 서울까지의 거리에 조금 못 미칩니다.

제가 이스라엘의 북단 헬몬산 바로 아래에 위치하고 있는 이곳 단을 찾았을 때, 약간 과장을 하자면 그 옛날 220킬로미터를 황급히 달려온 아브라함의 거친 숨소리가 들리는 듯한 착각을 했습니다. 그 헌

장은 죽어 있는 것이 아니라 아브라함으로 인하여 오늘도 살아 있는 것입니다.

상상을 초월한 이러한 대추격전으로 호쾌한 승리를 거둔 아브라함은 개선장군으로 귀환을 하게 됩니다. 이 때 소돔 왕이 사웨 골짜기에 나와 그를 영접하였고, 살렘 왕 멜기세덱이 떡과 포도주를 가지고 나와 아브라함에게 축복하였습니다. 멜기세덱은 왕이자 제사장이었습니다. 아브라함은 멜기세덱의 제사장직을 인정하고 그의 축복에 응답하는 뜻으로 전리품의 십분의 일을 주었습니다. 이것이 성경에 나오는 최초의 십일조입니다.

아브라함이 멜기세덱의 제사장직을 합법적으로 인정한 것은 히브리서 7장 4절에서부터 10절에 있는 말씀처럼 레위 자손의 제사장직보다 멜기세덱의 제사장직이 우선임을 증명하는 것이 되는 것입니다. 여기서 우리는 멜기세덱의 반차를 좇는 제사장(히브리서 5:6;6:20)이라고 기록된 말씀에 주목해야 합니다. 예수 그리스도는 레위 지파의 자손이 아니라 유다 지파의 후손이었습니다.

그렇다면 당연히 제사장직을 맡게 되는 레위 지파에서 나오지 않은 그리스도의 제사장직은 어떻게 설명되어야 하는가라는 문제가 생깁니다. 아론의 제사장직은 스스로 취한 것이 아니라 하나님이 일방적으로 주신 것입니다. 그러므로 그리스도께서 아론 계통이 아니라 할지라도 하나님이 세우시면 가능한 것입니다. 그리고 더 나아가 그리스도의 제사장직은 아론 이전의 멜기세덱의 계통을 따르는 것이 되는 것입니다. 그런 이유 때문에 멜기세덱은 영원한 제사장, 그리스도의 모형(시편 110:4)으로 불리는 것입니다.

아직까지 십일조 내는 것이 아깝습니까? 언젠가는 하나님의 것인 십일조를 드리지 않고서는 견딜 수 없는 믿음으로 하나님은 당신을

여호와 닛시!

만들어 주실 것입니다. 그리고 나중에는 십일조가 아니라 십의 이조, 십의 오조도 즐거이 드리게 되는 단계까지 하나님은 당신을 올려놓으실 것입니다. 그러나 성급하게 아브라함을 흉내내다가 오히려 시험에 들지 마십시오. 하나님은 모든 것을 갑자기 이루어 주시지 않습니다. 모든 것에는 점진적인 단계가 있습니다. 특히 믿음의 진보는 더욱 그러합니다.

끝까지 책임지시는 하나님

아브라함을 일방적으로 택하셔서 단단한 믿음의 사람으로 만들어 주신 하나님은 그래도 마음이 편치 않으셨는지 또다시 아브라함에게 나타나셔서 이번에는 목숨을 건 횃불계약을 맺으셨습니다. 창세기 15장 7절부터 보면, 이 때의 장면이 기록되어 있습니다. 아브라함은 하나님이 지시하신 대로 3년 된 암소와 3년 된 암염소와 3년 된 수양과 산비둘기와 집비둘기 새끼를 준비하여 그 모든 것을 쪼개고 그 쪼갠 것을 마주 대하여 놓고 이른바 횃불계약식을 준비하였습니다.

이 때 새는 쪼개지 않았다고 기록되어 있습니다. 레위기에는 새는 목을 비틀고 날개를 약간 찢어 둔다고 되어 있습니다. 어쨌든 하나님의 말씀에 절대 순종했던 당시 아브라함의 제사준비는 매우 철저했었고, 하나님을 경외하는 마음으로 엄격히 제사법에 따랐을 것입니다. 그럴 수밖에 없었지요.

계약식이 준비되자 해 질 때에 아브라함이 깊이 잠든 중에 하나님이 나타나시어, 아브라함의 후손들이 장차 이방에서 객이 되어 400년 동안 그들을 섬기겠고, 이후에 하나님이 그들을 그곳에서 이끌어 내어 4

대만에 다시 가나안 땅으로 돌아오게 될 것을 보여 주셨습니다.

이렇게 미리 아브라함의 후손들이 당할 고난을 보여 주심으로써 먼 훗날 후손들이 그 고난을 당할 때에 이 고난은 갑자기 생겨난 재앙이 아니라 이미 아브라함 때에 보여 주신 하나님의 섭리하에 있는 예정된 고난임을 알게 하여 소망을 갖게 하고, 또한 이러한 고난 후에 있을 출애굽의 과정은 구원을 상징하는 영적인 의미로서 반드시 구속사적으로 거치지 않으면 안 되는 과정임을 암시해 주는 매우 중요한 장면이 아닐 수 없습니다.

혹자는 아브라함이 재물을 준비할 때 새는 쪼개지 않았기 때문에, 곧 제사에 소홀히 했기 때문에 그 벌로써 아브라함의 후손에게 400년의 종살이를 시키셨다고 억지 해석을 하기도 하지만, 그것은 말 그대로 억지해석이 아닌가 생각합니다. 당시 아브라함이 어떻게 하나님을 인식하고 있었기에 하나님이 지시하신 제사를 소홀히 할 수 있었겠습니까? 감히 하나님의 위엄에 딴전을 부릴 만한 배짱이 아브라함에게는 없었습니다. 그저 순종할 수밖에 없었던 상황에까지 갔던 것이지요.

그리고 당시 아브라함에게 나타나신 하나님의 목적은 아브라함에게 벌을 주시기 위해 나타나신 것이 아니었습니다. 오히려 그 동안 몇 번이나 약속하셨던 축복의 말씀을 아브라함이 지켜보는 가운데 직접 횃불로써 계약을 맺으려고 나타나신 것이었습니다.

그리고 드디어 해가 지자 하나님은 쪼갠 재물 사이로 횃불처럼 지나가심으로써 마침내 계약을 종결하셨습니다. 여러분, 여기서 우리들이 반드시 주목해야만 되는 것이 있습니다. 횃불계약시 아브라함은 무엇을 하였습니까? 그렇습니다. 그저 하나님이 지나가시는 것을 멀뚱히 구경만 하고 있었습니다.

여호와 닛시 !

본래 이러한 계약의식은 당시 중근동 지방에서 흔히 행해졌던 관습이었습니다. 곧 언약을 체결할 때에 언약 당사자들은 짐승을 잡아 둘로 쪼개어 마주 보게 늘어놓고 쌍방이 함께 그 사이를 걸어갔습니다. 이는 생명을 담보로 언약을 성실하게 지키겠다는 의미이며, 만일 이를 어길 경우에는 저렇게 반으로 쪼개진 짐승과 같이 죽임을 당하게 될 것이라는 암시가 담겨 있었습니다.

하나님도 아브라함에게 이와 같은 당시 관습을 자연스럽게 이용하시어 횃불계약을 맺으셨던 것입니다. 이와 같이 하나님은 언제나 우리들이 이해할 수 있는 방법을 즐겨 동원하시어 우리에게 믿음의 확신을 주시는 것입니다. 전혀 허황된 것으로 우리들에게 억지강요식의 믿음을 원하지 않으시는 하나님이십니다. 참으로 하나님이 하시는 깊은 배려에 우리들은 감사하지 않을 수 없지요.

그런데 여기서 또 감사해야 할 중요한 대목이 있습니다. 분명히 쌍방이 함께 그 제물 사이로 걸어가야 할 터인데, 아브라함은 그냥 옆에서 구경만 했고 하나님만 일방적으로 걸어가셨다고 하는 사실입니다. 쌍방계약이 아닌 편무계약을 하신 것이지요.

이는 무엇을 뜻하는 것입니까? 그렇습니다. 아브라함은 허물투성이인 인간이기 때문에 언제 어떤 식으로 넘어질지도 모른다는 것을 하나님은 아시고, 비록 아브라함이 하나님과의 약속을 어길지라도 하나님만은 그 약속을 반드시 지키시고야 말겠다는 의지를 표현하신 것입니다.

그래서 결국은 아브라함에게 하신 자손에 대한 축복의 약속을 지키셨고, 마침내 예수 그리스도를 마치 반으로 쪼개진 제물과도 같이 쪼개어 피 흘리게 하심으로써 구원의 경륜을 이루시고야 말았던 것입니다. 변덕 많은 우리가 하나님을 때때로 배반하고 멀리하지, 결코 하나님은 한번 택한 자녀를 배반하시는 일이 없으십니다. 이 얼마나 신나는 일입니까?

내 앞에서 완전하라

아브라함의 나이가 어느덧 99세가 되었습니다. 이 때 하나님이 나타나셨습니다. 그런데 이번에 나타나신 하나님은 아브라함에게 이전에 없었던 아주 엄격한 주문을 하십니다. 창세기 17장 1절에 있는 말씀입니다 :

> "나는 전능하신 하나님이라. 너는 내 앞에서 행하여 완전하라."

이제 하나님은 아브라함에게 그 모든 행위가 완전해질 것을 요구하셨던 것입니다. 이전의 아브라함은 실수투성이요 마치 어린아이와 같은 모습이었다면 이제부터는 어른스러워지고 말과 행동 하나하나가 실수 없이 완전해져야 한다는 지엄하신 분부이십니다.

왜 그렇게 하셨을까요? 그렇습니다. 아브라함의 나이 이제 99세, 하나님을 갈대아 우르에서 처음 뵈었을 때 나이가 대략 70세, 그렇다면 그 동안 29년의 세월이 흘렀다는 계산이 나옵니다. 그 긴 세월동안 숱한 믿음의 시련과 인생역정을 겪은 아브라함이었기 때문에, 이제는 하나님의 사람으로서 손색이 없어야 될 것이라는 하나님의 마땅하신 주문이지요.

여러분, 우리도 이와 같은 신앙의 진보가 필요합니다. 처음 믿었을 때의 그 첫사랑과도 같은 저돌적인 믿음이 아니라 깊숙이 배여 든 뚝배기 장맛과도 같은 성숙되고 깊은 믿음의 반열에 마땅히 올라서야 할 것입니다. 언제까지 어린아이 신앙이 되어서야 되겠습니까?

저는 개인적으로 요한계시록 2장 4절에 있는 "너의 처음 사랑을 버렸느니라"고 하는 말씀을 보면서, 물론 그 뜻이야 우리 주님께서 처음 우리가 주님을 만났을 때의 감격을 끝까지 유지하고 열심을 내라고 하시는 책망의 말씀인 줄 알지만, 한편으로는 처음 사랑의 그 상태, 마치 어린아이와도 같이 덜 성숙된 믿음의 그 상태를 그대로 가지고 있기를 원한다면 이것 또한 큰 문제가 아닌가 생각을 해봅니다.

내 믿음이 어느 수준인가를 알 수 있는 간단한 척도가 있습니다. 내가 기도하고 있는 대상, 내가 관심을 가지고 있는 대상이 무엇인가를 보는 것입니다. 내 주위에만 뱅뱅 돌고 있습니까? 그러면 아직 걸음마 신앙입니다. 내 주위를 벗어나 내 가까운 이웃까지 갔습니까? 그러면 청년신앙입니다. 이제 이 범위도 벗어나서 나라와 민족, 하나님의 의에까지 갔습니까? 그러면 비로소 장년신앙, 성숙된 신앙이 된 것입니다.

또 한 가지 점검해 보겠습니다. 여러분, 목사님이 설교하실 때 복받으라고 하는 설교, 나를 기분좋게 해주는 설교에 익숙해져 있습니까? 아니면 십자가 신앙, 희생과 봉사를 요구하고 예수님의 피를 생각하는 설교에 익숙해 있습니까? 전자에 속하면 아직 첫사랑의 단계이며, 후자에 속하면 장성한 분량에 이르는 단계라고 보아도 틀림없을 것입니다. 여러분, 언제까지 걸음마, 어린애 신앙, 첫사랑 신앙에 머무시겠습니까?

어쨌든, 이제 아브라함은 야단났습니다. 하나님이 엄청난 주문을 하신 것입니다. 어떻게 사람이 하나님 앞에서 완전하게 행할 수 있겠습

니까? 아마도 하나님이 아브라함을 과대평가하신 것입니까? 이어서
하나님은 아브라함에게 이름을 바꾸어 주셨습니다. 5절 말씀입니다 :

> "이제 후로는 네 이름을 아브람이라 하지 아니하고 아브라함이
> 라 하리니, 이는 내가 너로 열국의 아비가 되게 함이라."

그리고는 곧바로 할례의식을 지시하셨습니다. 여러분, 할례가 무엇
입니까? 양피를 베는 것을 말합니다. 이것은 무엇을 의미합니까? 그렇
습니다. 남자의 가장 중요한 후손보존 수단인 생식기의 끝을 자름으로
써 육적인 것은 죽었고 다시 하나님의 사람으로서 영적으로 거듭나는
것을 의미합니다. 할례시 생식기 끝에서 흐르는 피는 바로 예수 그리
스도의 보혈의 능력을 예표하기도 합니다.

이렇게 하나님은 아브라함에게 완전하라고 명령하셨고 또한 육체적
인 것을 완전히 죽이고 오직 하나님만 바라보게 하심으로써 완전한 순
종의 자세로 낮아지도록 하셨습니다. 그런데 그렇게도 완전하라고 명
령을 받았던 아브라함이 그 옛날 애굽 땅에서 저질렀던 부끄러운 실수
를 또 반복하게 되는 사건이 창세기 20장에 나옵니다.

아브라함이 남방으로 이사하여 가데스와 술 사이 그랄에 머물 때의
일입니다. 여기서도 아브라함은 아내 사라를 누이라고 속이게 됩니다.
그래서 사라가 아브라함의 누이인 줄만 알고 그랄 왕인 아비멜렉이 사
라를 취하려고 했지요. 여러분 한번 상상해 보십시오. 당시 아브라함
의 나이가 99세 또는 100세 정도, 사라는 아브라함보다 10세 연하이
니 90세 정도의 나이. 뭐 생각되시는 게 없습니까?

예, 정말 90세의 노파를 딴 사람에게 빼앗길까봐 전전긍긍하며 누이
라고까지 또 속였던 아브라함의 우습잖은 행태하며, 그에 못지 않게

90세의 상늙은이를 어여쁘다고 잠자리를 같이하려 했던 그랄 왕 아비멜렉도 주책이었습니다.

이 얘기를 재미있게 제 아내에게 얘기했더니 아내가 대뜸 하는 말이 그 당시에는 사람들이 지금보다 훨씬 오래 살았으니 아마 90세가 되어도 허리가 꼿꼿하여 젊게 보였을지도 모르며, 아니면 기가 막힌 화장품을 사용해서 주름을 제거하여 예쁘게 보였을 가능성도 있지 않느냐고 반문했습니다. 역시 여자들의 직관은 가히 남자가 따라갈 수가 없는가 봅니다. 그리고 저는 늘 말싸움에는 아내에게 지고 맙니다.

어쨌든 이렇게 우리들도 아브라함과 마찬가지로 아무리 하나님 앞에 완전해지려고 애를 써도 당장에 눈앞에 닥치는 위기와 환난 앞에서는 너무나 쉽게 무력해지는 것입니다. 그래서 예수님의 말씀처럼 "마음은 원이로되 육신이 약한" 것입니다.

여호와 이레

아브라함이 100세가 되던 해, 사라가 90세가 되던 해에, 드디어 아브라함은 꿈에도 그리던 이삭을 얻었습니다. 실로 얼마 만입니까? 70세에 나타나신 하나님이 자손에 대한 축복을 하신 이후로 근 30년 만의 응답입니다.

참으로 긴 세월을 아브라함은 기다렸습니다. 여러분, 우리가 기도할 때 너무 성급한 응답을 기대하지 마십시오. 우리의 시계가 아닌 하나님의 시계에 모든 응답의 스케줄을 맞추십시오. 우리는 우리가 임의로 맞추어 놓은 응답의 시계 때문에 자칫 시험에 들기 쉽습니다.

하나님은 결국 우리에게 가장 좋은 때를 맞추어 응답을 주심을 믿으

선택받은 자의 표본 * 아브라함

십시오. 지금 당장 응답되지 않는 것은, 만일 지금 당장 응답된다면 궁극적으로 볼 때 우리에게 유익이 없기 때문일 것입니다.

자, 여러분, 아브라함은 결국 자식을 얻는 축복을 받았습니다. 비록 하나님 앞에서 완전해지라고 하는 명령을 받은 지 얼마 되지 않아서 그랄 땅에서 부끄러운 실수를 또 반복하였지만 하나님은 아브라함을 버리지 않으셨습니다. 왜 그러셨을까요? 그렇습니다. 우리는 이전에 아브라함에게 하나님이 몸소 행하신 횃불계약을 기억합니다.

비록 아브라함이 앞으로도 많은 실수를 하게 될지라도 나 하나님은 결코 너를 떠나지 아니하리라고 하신 고집스러운 하나님의 약조이셨지요. 내 비록 약하여 좌절하고 하나님을 멀리 할지라도 하나님은 끝까지 나를 버리지 아니하신다고 하는 이 절대적인 믿음, 그래서 우리들도 또 한번 신이 나고 살맛이 나는 것입니다. 하나님, 파이팅!

그런데 이제 아브라함에게 엄청난 문제가 생겼습니다. 한창 귀엽게 자라고 있는 이삭을 하나님이 제물로 바치라고 하시는 것입니다. 창세기 22장 1절에서 이 사건은 하나님이 아브라함을 시험하시려고 하신 것으로 기록되어 있습니다 :

"하나님이 아브라함을 시험하시려고 그를 부르시되, 아브라함아 하시니, 그가 가로되, 내가 여기 있나이다."

무엇을 또 시험하시겠다고 하시는 것입니까? 어쨌든 아브라함은 아무런 대꾸도 불평도 하지 않고 그저 하나님이 시키시는 대로 두 사환과 이삭을 데리고 브엘세바에서 3일 걸려 현재 예루살렘의 모리아산까지 갔습니다.

여기서 또 우리가 주목해야 할 것은 3일간이란 시간입니다. 3일은 결코 짧지 않습니다. 충동적으로 어떤 일을 결심했다가 그것이 어느 정도 시간이 지나면 다시 냉정해져서 번복하기 십상이지요. 아브라함은 3일 동안이나 걸어가면서 무엇을 생각하였을까요? 충분히 번복할 수 있는 긴 시간이 그에게 주어졌지만 그는 결코 번복하지 않았습니다. 그리고 모리아산에서 제사준비를 마친 후에 대뜸 바위 위에 이삭을 눕혀놓고 칼을 들어 아이를 잡으려 했습니다.

그 때 하나님의 사자가 하늘에서 아브라함에게 말하기를 "내가 이제야 네가 하나님을 경외하는 줄을 아노라"고 했습니다. 그리고 수풀에 걸린 수양을 이삭을 대신하여 제물로 바치게 했습니다. 아브라함은 그 땅이름을 '여호와 이레', 곧 '하나님께서 준비하신다, 혹은 돌보신다'라고 불렀지요.

여러분! 극한상황에 빠져서 도무지 헤어날 방도를 찾지 못했습니까? 자식을 죽여야만 할 정도로 깜깜한 절망 가운데 계십니까? 이럴 때일수록 하나님을 잡은 끈을 놓아서는 안 됩니다. 정말이지 꼭꼭 붙들고 계셔야만 합니다. '여호와 이레'의 하나님은 아브라함의 하나님이시며 또한 나의 하나님 이시기 때문입니다.

아브라함과 318명이 벌였던 북방왕군대와의 불가사의한 전쟁승리의 비결은 바로 이러한 하나님을 굳게 믿는 '믿음' 그 자체였던 것입니다.

선택받은 자의 표본 * 아브라함

오늘날 홍해가 갈라진 곳으로 가장 유력하게 지목되고 있는 수에즈만의 비터호수 유역

Ⅱ. 준비된 자의 표본

모세

*

〈홍해사건과 르비딤전투〉

너무나 유명하여 전부를 아는 것처럼 보여지는 모세. 그러나 과연 우리들이 얼마만큼 모세를 제대로 알고 있을까? 모세는 하나님에 의해 저음부터 철저히 순비된 사람이었다. 그의 탄생부터 마지막 죽음에 이르기까지 준비되지 않은 부분이 없었다. 우리들도 모세와 같이 하나님에 의해 이미 준비되어 있는 사람들이며, 장래의 일도 하나님의 각본 속에 이미 준비되어 있음을 믿을 때 역경 가운데서 소망을 가지게 된다.

너희는 두려워하지 말고 가만히 서서 여호와께서 오늘날 너희를 위하여 행하시는 구원을 보라.(출애굽기 14장 13절)

모세가 손을 들어 다시 홍해의 물을 합치니 애굽 군사들이 빠져 죽었다(이탈리아 성 마가교회의 벽화). 모세와 아론이 손을 들어 하나님께 찬양을 드리고 있으며 여인들은 소고를 치며 화답의 노래를 부르고 있다.

잘못 그려진 홍해 기적 장면

모세를 생각하면 대부분 사람들의 뇌리 속에는 가로막힌 홍해를 바라보고 벌벌 떨고 있는 이스라엘 백성들 앞에서 지팡이를 번쩍 들어 홍해를 멋지게 가르는 모습을 연상하게 됩니다. 오늘 저는 바로 이 부분부터 다루어 나가기로 했습니다. 모세에 대해서는 여러분이 너무나 잘 알기 때문에 혹시 여러분들이 식상할까 싶어서 조금 새로운 방향에서 모세에 관한 얘기를 해보고자 합니다. 아마 참 재미있을 것입니다.

영화 십계에 보면 모세 역을 맡은 주인공인 찰톤 헤스턴이 지팡이를 들고 홍해 앞에 섰습니다. 이스라엘 백성들은 아우성입니다. 그들 뒤에는 애굽 왕의 군사들이 병거를 타고 곧 다다를 위치에 와 있습니다. 애굽 왕 역을 맡은 율 브리너는 회심의 미소를 지으며 멀찍이 병거 위에 서 있습니다. 드디어 모세의 지팡이가 하늘을 향했습니다. 뭐라뭐라 소리지릅니다. 그리고 드디어 놀랍고도 장엄한 장면이 연출됩니다. 시퍼런 홍해가 갈라지기 시작합니다. 좌아아악! 시원하게 양쪽 물이 갈라지면서 순식간에 길고 좁다랗게 마른 땅이 전개됩니다.

이스라엘 백성들은 놀라움에 입을 다물지 못합니다. 이 때 어떤 사람은 벌어진 입이 다물어지지 않아 죽을 때까지 입을 벌리고 살았다고 하는 별로 믿을 가치도 없는 얘기도 있습니다만. 어쨌든 그 기다란 길을 통해서 이제 백성들이 열심히 건너갑니다. 어느 정도 건넜을까요? 이제는 애굽 군대가 뒤따라 들어갑니다. 말들을 때리며 전 속력을 내어 이스라엘 백성의 덜미를 잡으려 합니다. 위기촉발의 순간입니다.

아, 그런데 웬일입니까? 드디어 찰톤 헤스턴, 아니 모세가 지팡이를 다시 들어 또 뭐라뭐라 떠듭니다. 그런데 이제는 갈라졌던 물이 하나로 합쳐지기 시작합니다. 순식간에 애굽 군대들이 물 속에 갇혔습니다. 그리고 몽땅 수장되었습니다. 죽은 시체들만 홍해 위에서 빙빙 떠돌아다닙니다. 율 브리너, 아니 애굽 왕은 멀찍이 서서 이 장면을 보다가 그만 오줌을 싸고 맙니다. 상황 끝!

이게 우리가 익히 보았던 영화 '십계'에서 홍해의 기적장면입니다. 자, 제가 먼저 지적하고 싶은 부분이 있습니다. 저는 군인이기 때문에 군사적인 관점에서 들여다보기를 좋아합니다. 무슨 얘기인가 하면, 이때 갈라졌던 홍해의 폭이 너무나 터무니없이 좁다는 것입니다. 그리고 지금까지 여러분이나 제가 보았던 수많은 홍해 기적의 그림을 보아도 역시 매우 좁고 긴 육지를 바다 가운데 그려 놓고 있습니다.

또 다른 영화 한 편을 보겠습니다. 애니메이션 영화로서는 거의 완벽한 수준까지 끌어올렸다고 극찬을 받았던 드림웍스사의 '이집트 왕자'라고 하는 영화를 여러분도 아마 보셨을 것입니다. 제작비만 해도 무려 8천만 달러가 투입되었고 전문가 중의 전문가들만 끌어 모아 최첨단의 기술로 화면처리를 했다고 합니다.

저는 무척 기대를 하면서 이 영화를 봤습니다. 특히 홍해가 갈라지는 장면을 잔뜩 긴장하면서 기다렸지요. 아, 정말 대단한 장면이었습니다. 어떻게 컴퓨터 그래픽을 잘했던지, 오히려 진짜보다도 더 실감나도록 홍해가 갈라지는 장면을 표현했습니다. 소름이 돋을 정도였습니다. 그런데, 역시 제가 본 것은 너무나 좁은 길이었습니다. 위로 물줄기가 한껏 치솟아 오른 모양은 좋았는데, 길이 너무 좁게 그려져 있고 기다랗게 저편으로 뻗어 있었습니다. 역시 당대의 전문가들이 모여서 만든 영화에서조차도 홍해가 갈라지는 장면의 표현은 이렇게밖에 못하나 봅니다. 홍해의 폭에 대한 진지한 고민과 생각이 없었던 것이지요.

그러면 지금부터 제가 간단한 계산을 해보겠습니다. 이 때 이스라엘 백성은 약 250만 명이 된다고 합니다. 이 엄청난 인구에다 그들이 끌고 다녔던 염소, 양 등 온갖 가축들도 있습니다. 이런저런 요소들을 계산에 넣으면, 사실 당시 이스라엘 백성들의 행군규모는 여러분의 상상을 초월하는 실로 엄청난 것이었습니다. 그런데 이들 백성들이 갈라진 홍해를 얼마 만에 완전히 건넜을까요? 이 사건은 성경에 보면 분명히 하룻밤 사이에 일어났습니다(출애굽기 14:21-28).

정확히 본다면 밤새 갈라졌던 바다 물이 새벽에 다시 하나로 합쳐져서 애굽 군대를 수장시켰지요(출애굽기 14:27). 여러분, 이 때의 기적 같은 사건을 시간적으로 계산하면 많아야 10시간이 될까요? 넉넉히 10시간이라고 하겠습니다. 그런데 이 10시간이라는 짧은 시간 동안 250여만 명의 행군집단이 완전히 저편까지 건너갔습니다. 그리고 애굽의 모든 병거가 그 갈라진 곳 안에 완전히 들어가 있었습니다.

한번 이 부분을 따져 보기로 하겠습니다. 제가 대대장 재임시 약 500명의 대대원들을 이끌고 행군을 할 때에 어느 한 지점을 선두가 통과하고 그 후에 맨 후미가 통과하는 시간을 재면 약 30분이 소요됩니다. 이것을 군대용어로 티엘(TL:Time Length)이라고 부르지요. 이 때 대대의 첫 병사와 마지막 꼬리의 병사간의 거리는 약 1킬로미터가 됩니다.

만일 이스라엘 백성이 건넜던 홍해의 이쪽 변에서 저쪽 변까지의 거리가 대대행군시 길이처럼 1킬로미터였다고 가정합시다. 그러면 그 날 밤 약 10시간 안에 이스라엘 백성이 다 건너기 위해서는 최소한 5킬로미터 이상의 폭으로 홍해가 갈라져야 계산상으로 맞습니다. 만일에 당시 홍해의 양안 거리가 1킬로미터를 넘어 2-3킬로미터가 되었다면 적어도 7킬로미터 정도의 폭으로 바다가 갈라졌을 것입니다. 어쨌든 그 때 갈라졌던 바다의 폭은 상상을 초월할 정도로 넓었음에 틀림없습니다. 그래야 이스라엘 백성과 온 가축들이 무사히 건너편까지 건너가고, 이어서 전 애굽 군대가 들어가서 몰살당할 수 있었을 것이라는 계산이 나옵니다.

이런 계산에 의하니까, 과연 십계나 이집트 왕자를 비롯한 수많은 홍해 기적의 영화장면과 이 사건을 그린 각종 그림들을 보면 갈라진 바다의 폭이 너무 좁지 않습니까? 기껏 300미터나 될까요? 참말로 그렇지요?

나폴레옹도 모세처럼

여러분, 홍해가 갈라지는 장면을 생각하면 정말 가슴이 뛰고 어찌할 수 없는 흥분이 벅차 오르지 않습니까? 그런데 저는 얼마 전에 폴 임이라고 하는 사람이 신문에 게재한 재미있는 기사를 읽었습니다. 그는 나폴레옹의 세인트헬레나 회고록 1권 2쪽을 제시하면서 나폴레옹이 맨발로 홍해를 건넜다고 했습니다. 그리고 다시 말하기를 홍해를 건넜다는 모세와 이스라엘인들의 이야기는 종교적인 힘이 가져다 준 불가

여호와 닛시 !

사의한 기적은 아니라고 주장했습니다. 그 증거로 '익사의 바다'라고 부르는 수에즈 만 근처의 마을에서 나폴레옹은 홍해를 건넜는데, 이 때 홍해는 모래톱 때문에 수심이 아주 낮았고 1.6킬로미터의 너비로 펼쳐져 있었다고 했고, 이와 관련한 몇 가지 자료를 제시했습니다.

여러분, 정말 그렇다면 오히려 하나님께 더 큰 박수를 보내야 할 것 같습니다. 만일 모세 당시에도 그렇게 얕은 홍해를 건넜다면 그 뒤를 바짝 따라와서 몽땅 수장된 그 많은 애굽군대는 어떻게 그 얕은 물 속에서 죽을 수 있었을까요? 무릎까지밖에 안 찬 물 속에서 병거가 뒤집어지고 군사들이 몽땅 익사하여 죽었다고 한다면 기적도 이런 기적이 없습니다. 오히려 깊은 바다가 갈라지는 것보다 더 위대한 기적이 아닐 수 없습니다. 그렇지 않습니까?

자, 이쯤 하겠습니다. 홍해가 갈라진 폭이 너무 좁다니, 나폴레옹이 어떠니 하는 것은 사실 중요하지 않습니다. 여기서 우리가 눈여겨볼 것이 있습니다.

예고된 홍해기적

제가 이 부분에서 짚고 싶은 것은 이 놀라운 홍해기적은 이미 예고된 것이라는 것입니다. 여러분, 지그시 눈을 감고 그 때 그 절박했던 장면을 다시 상상해 보십시오. 어떻습니까? 뒤에는 요란한 말발굽 소리와 구름처럼 피어오르는 먼지와 함께 수도 헤아릴 수 없는 애굽 군대가 쫓아오고 있고, 앞에는 시퍼런 홍해가 넘실거리고 있습니다. 이제 모두가 곧 죽을 판입니다. 그래서 백성들은 모세에게 온갖 원망과 입에 담지 못할 욕을 퍼붓기 시작합니다.

준비된 자의 표본 ＊ 모세

"애굽에 매장지가 없으므로 당신이 우리를 이끌어 내어 이 광
야에서 죽게 하느뇨? 어찌하여 당신이 우리를 애굽에서 이끌어
내어 이같이 우리에게 하느뇨."(출애굽기 14:11)

성경에는 점잖게 이쯤에서 그쳤지만 실제 당시 상황에서는 무슨 말
인들 못했겠습니까? 그런데 모세는 참으로 자신만만하게 백성들을 향
하여 이렇게 외칩니다. 출애굽기 14장 13절에 있는 말씀입니다 :

"너희는 두려워 말고 가만히 서서 여호와께서 오늘날 너희를
위하여 행하시는 구원을 보라. 너희가 오늘 본 애굽 사람을 또다
시는 영원히 보지 못하리라."

아니, 분명히 성경에 보면 이 때 모세가 하나님으로부터 어떤 특별
한 약속을 받은 것도 아닌데 이런 놀라운 말을 백성들에게 하고 있습
니다. 도대체 모세가 뭘 믿고 저러는 것일까요? 하나님이 안 들어 주
시면 어떻게 하려고 저러는 것일까요? 그런데 과연 하나님은 모세가
한 말 그대로 이루어 주십니다. 출애굽기 14장 15절에서 16절 말씀입
니다 :

"너는 어찌하여 내게 부르짖느뇨? 이스라엘 자손을 명하여 앞
으로 나가게 하고 지팡이를 들고 손을 바다 위로 내밀어 그것으로
갈라지게 하라. 이스라엘 자손이 바다 가운데 육지로 행하리라."

여러분, 어떻습니까? 결국 모세의 말대로 하나님께서 그대로 이루
어 주셨지 않습니까? 예, 그렇습니다. 이미 모세는 이렇게 될 줄을

여호와 닛시!

진작부터 알고 있었습니다. 무슨 말이냐고요? 지금부터 몇 군데 성경 말씀을 보기로 하겠습니다. 먼저 출애굽기 14장 1절에서 2절 말씀입니다 :

"여호와께서 모세에게 일러 가라사대 이스라엘 자손을 명하여 돌쳐서 바다와 믹돌 사이의 비하히롯 앞 곧 바알스본 맞은편 바닷가에 장막을 치게 하라."

이 말씀을 눈여겨보면 하나님이 출애굽한 이스라엘 백성들을 어디에 위치시키셨습니까? 그렇습니다. 바알스본 맞은편 바닷가입니다. 곧 홍해기적이 일어났다고 일컬어지는 그 곳입니다. 그리고 또 한 구절을 찾겠습니다. 4절 말씀입니다 :

"내가 바로의 마음을 강퍅케 한즉, 바로가 그들의 뒤를 따르리니 내가 그와 온 군대를 인하여 영광을 얻어 애굽사람으로 나를 여호와인 줄 알게 하리라."

바로의 마음을 강퍅하게 만든 분은 바로 하나님이십니다. 바벨론을 들어 유다를 멸망시키실 때에도 바벨론 왕이었던 느부갓네살을 불러서 "내 종 바벨론 왕 느부갓네살"(예레미야 43:10)이라고 하셨습니다. 이와 같이 하나님은 경우에 따라서는 사단의 세력도 하나님의 방편으로 이용하십니다.

이 장면은 참으로 중요한 대목이 아닐 수 없습니다! 이미 하나님은 모세에게 애굽 군대가 곧 추격할 것도 알려 주셨고, 바알스본 맞은편 바닷가에서 어떤 무시무시한 일이 일어날 것도 알려 주셨던 것입니다.

모세가 하나님으로부터 이 말씀을 들었던 시점이 숙곳에서 막 출애굽하여 어느 정도 행군한 후 에담이라는 곳에서 장막을 쳤을 때였습니다. 이미 하나님은 앞으로 될 일을 모세에게 알려 주셨고, 모세는 마음 속에 이 엄청난 사건을 준비하고 있었지요. 이렇게 모세는 항상 하나님으로부터 준비된 자였습니다.

유대전승에 따르면 이스라엘 백성들이 홍해를 건넌 것은 출애굽한지 6일째 되는 아빕월 21일 밤이라고 합니다. 따라서 바로의 마음이 변하여 추격한 때는 출애굽 4일째 되는 날이므로 불과 이틀 만에 애굽 군대가 바알스본 맞은편 바닷가에서 이스라엘 백성을 따라잡았다는 계산이 나옵니다. 아까 보신 4절의 말씀을 보면, 바로의 마음을 변하게 하신 분도 하나님이십니다. 곧 하나님이 처음부터 끝까지 이를 만드셨고, 결국은 하나님의 각본 속에서 이런 일들이 전개되었던 것입니다.

준비된 구원

여러분, 한번 생각해 봅시다. 과연 모세가 그쪽 지형에 눈이 어두워서 이스라엘 백성들을 무작정 바닷가로 끌고 갔겠습니까? 천만의 말씀입니다. 모세가 누구입니까? 미디안 광야로 쫓겨나면서 그 근방의 지형은 이미 숙지하고 있었고, 그 이전에 40여 년간 애굽의 왕자로 살 때에도 많은 원정에 참가하면서 이미 그 지형은 마치 손바닥을 들여다보듯 훤히 알고 있었습니다.

그러한 모세가 앞길도 없이 홍해로 가로막힌 장소로 백성들을 죽이려고 끌고 가지는 않았을 것입니다. 이러한 지형을 군사용어로 말한다면 사지(死地)입니다. 곧 죽음의 땅이라는 의미이지요. 그런데 이러한 사지로의 투입이라든가 홍해의 기적은 이미 하나님이 필요에 의해서 만들어 놓으신 것이고, 모세는 그저 하나님의 말씀에 순종하여 따랐을 뿐입니다.

물론 이스라엘 백성들은 처음에 출애굽해서 곧바로 가나안 땅을 향하는 직진도로를 탈 수도 있었습니다. 당시 애굽에서 가나안으로 가는 지름길은 블레셋의 해안도시인 가사를 통하는 지중해 해안 길로서 '블레셋 사람의 길'이라고 불리는 잘 발달된 국제무역 도로였습니다. 이 길을 통해서 그 옛날 아브라함이 가족을 이끌고 가나안의 기근을 피해 애굽 땅으로 내려왔었지요. 만일 이 길을 이스라엘 백성들이 이용했다면 늦어도 5일 안에는 가나안 땅에 도착할 수 있었을 것입니다. 그런데 이 도로에는 커다란 문제가 있었습니다. 애굽인들은 이 도로를 '호루스(Horus)의 길'이라고 불렀는데, 세티 1세(B.C. 1308-1290년무렵)의 카르낙 비문에 기록된 것과 같이 이 길은 블레셋인들의 강력한 요새에 의해 방비되고 있었다는 것입니다.

막 애굽을 벗어나 전쟁을 치를 준비가 전혀 안 되었던 이스라엘 백성이 빨리 가나안에 가기 위해 만일 이 길을 이용하였다면 막강한 블레셋 족속과 필연적으로 싸우게 되는데, 사실 430년 동안 종살이만 했던 이스라엘 백성들이 어떻게 전쟁에 능한 정예의 블레셋 군대에 이길 수 있겠습니까? 그렇게 되면 또 하나님을 원망하고 모세를 원망하며 애굽으로 다시 돌아가자고 난리를 칠 게 뻔하지 않습니까?

그래서 하나님은 그 길을 이용하지 않도록 하시기 위하여 모세에게 백성을 돌려 광야로 내보내게 하셨고, 구체적으로 장막 치는 장소까지 알려 주셨으며, 마침내 홍해 앞까지 끌고 오신 것입니다.

그렇다면 왜 홍해사건이 필요했을까요? 구속사적으로 볼 때, 홍해는 의인이 구원받고 악인이 멸망당한 곳입니다. 죄인 된 우리들은 이스라

준비된 자의 표본 * 모세

엘 백성들과 마찬가지로 이러한 영적인 홍해를 건너지 않고는 구원을
받을 길이 없는 것입니다.

하나님을 의지했던 이스라엘 백성을 기적적으로 구원하셨듯이, 어떤
민족이나 사람들일지라도 하나님을 의지하게 되면 이스라엘 백성들과
동일한 기적과 구원을 얻게 되는 것입니다. 만일 그렇지 못하고 하나
님을 대적하는 애굽 군대 편에 서게 된다면, 홍해에서 수장되듯이 멸
망과 죽음을 면할 수 없음을 우리에게 상징적으로 보여 주시는 장면입
니다. 이는 하나님의 구원과 심판의 양면성을 동시에 보여 주시는 것
이지요.

그리고 또 우리가 눈여겨봐야 할 대목이 있습니다. 출애굽기 3장
12절에 있는 말씀입니다 :

"하나님이 가라사대, 내가 정녕 너와 함께 있으리라. 네가 백성
을 애굽에서 인도하여 낸 후에 너희가 이 산에서 하나님을 섬기리
니 이것이 내가 너를 보낸 증거니라."

이 때 상황은 호렙산 곧 시내산 아래서 양무리를 치고 있었던 모세
에게 하나님이 타는 떨기나무 가운데 나타나시어 모세를 부르신 후에
앞으로 되어질 일을 하나씩 가르쳐 주셨을 때의 장면입니다. 여기서
이 산이라고 함은 당연히 현재 모세가 하나님의 말씀을 받고 있는 시
내산입니다. 물론 시내산의 정확한 위치에 대해서는 사실 아직까지도
의견이 분분합니다. 그래도 정리된 견해에 따르면 시내반도 하단부에
위치하고 있는 곳으로서, 오늘 우리가 말하는 시내산입니다.

제가 1996년도에 이곳 시내산을 찾았을 때 모세가 보았음직한 당시
살아 있는 유일한 떨기나무를 보고 감격했던 기억이 있습니다. 그렇습

니다. 하나님께서는 이미 모세에게 출애굽한 이스라엘 백성들이 반드시 시내산으로 돌아오게 될 것을 말씀하셨습니다.

이 시내산으로 오기 위해서는 조금 전에 말씀드린 블레셋으로 향하는 직진길을 이용해서는 결코 되지 않습니다. 반드시 빙 둘러서 아래를 향해야 합니다. 그러한 과정에서 홍해는 또다시 이스라엘 백성들에게는 피할 수 없는 곳이 되는 것입니다.

어쨌든 이 홍해사건은 뜯어 보면 볼수록 처음부터 철저하게 짜여진 각본 아래 미리 준비된 모세에 의해 진행되었다고 하는 사실을 발견하게 됩니다. 그리고 우리도 이로 인해 소망이 넘치게 됩니다. 우리도 모세와 같이 미리 정해진 하나님의 각본 속에서 준비된 자로서 어떠한 어려움이 오더라도 승리할 수 있다는 확고한 자신감을 가질 수 있습니다. 정말 신나는 일입니다.

정면돌파

자, 이번에는 또 다른 관점에서 이 장면을 보겠습니다. 하나님께서 바다가 갈라지고 육지가 보일 때 이스라엘 백성을 나가게 하셨습니까? 아니면 바다가 갈라지지 않았는데도 이스라엘 백성을 앞으로 나가게 명령하셨습니까? 조금 전에 말씀을 봤지만 또 기억이 아물아물하시지요?

빗나간 얘기지만, 참 우리들은 잘 까먹어 버리는 습성이 있지요? 지난 주일 목사님의 설교 제목이 무엇입니까? 아시는 분? 좋습니다. 역시 다 모르시군요. 그게 정상일지도 모릅니다. 그리고 참 좋습니다. 그래야 목사님도 가끔 궁하실 땐 한번쯤 같은 것을 말씀하실 수 있으니

준비된 자의 표본 ＊ 모세

까요. 각설하고, 다시 한번 보겠습니다. 출애굽기 14장 15-16절 말씀입니다 :

> "여호와께서 모세에게 이르시되, 너는 어찌하여 내게 부르짖느뇨? 이스라엘 자손을 명하여 앞으로 나가게 하고 지팡이를 들고 손을 바다 위로 내밀어 그것으로 갈라지게 하라. 이스라엘 자손이 바다 가운데 육지로 행하리라."

그렇지요? 분명히 이 말씀을 잘 보면, 바다가 갈라지기 전에 먼저 백성을 앞으로 나가게 하셨지요? 저는 이 부분이 참 중요하다고 생각했습니다. 우리들은 어떤 어려움에 봉착했을 때 습관적으로 당장 눈앞에 보이는 그 문제만 보기 일쑤입니다. 그래서 앞으로 나가기를 주저하게 되고, 낙심하게 되고, 나중에는 좌절하여 아예 주저앉게 됩니다. 우리는 이럴 때일수록 앞으로 힘차게 나아가야 합니다! 그 뒤에서 역사하시는 하나님을 바라보고 용기있게 그 문제를 향해 정면돌파를 해야 하는 것입니다.

문제만 보다 보면, 그 문제는 점점 자라나서 마침내는 주체할 수 없는 큰 덩어리로 변하게 됩니다. 대부분의 경우, 문제는 사람들이 그 마음속으로 스스로 키우는 성향이 있습니다. 별 것 아닌 것까지도 스스로 키우는 것입니다.

군에서 군사작전시에 정면돌파라는 것이 있습니다. 가끔 이 공격방법은 생각지도 않은 전과를 가져다줍니다. 그렇게 막강하게만 보였던 적들이 우리가 정면으로 곧바로 부딪치니까 어이없게도 힘없이 폭삭 무너져 버리는 것이지요.

대부분의 문제들은 실상 우리가 생각하는 것보다 작은 것이 많습니

여호와 닛시 !

다. 그러나 비록 큰 문제이든 작은 문제이든 우리 앞에 닥치는 모든 장애들을 그 뒤에서 역사하시고 섭리하시는 전능하신 하나님을 믿음의 눈으로 바라보고 정면으로 돌파하시길 당부합니다. 이는 극심한 공포와 두려움 가운데 있는 백성들을 위하여 하나님이 모세에게 가르쳐 주신 최고의 공격방법이자 문제해결 방법입니다.

인생 앞에는 언제나 홍해와도 같은 많은 문제와 장애와 난관이 있게 마련입니다. 그것이 없으면 이 세상이 아니고 천국입니다. 그럴 때 반드시 명심하셔야 할 것은, 이 모든 것도 하나님의 준비된 각본 곧 섭리 아래 있다는 인식입니다. 우리들은 하나님의 자녀로서, 그 옛날 모세와 전혀 차등이 없습니다. 모두가 준비된 자라는 것을 잊지 않아야 합니다. 신나지 않습니까?

여러분, 하나님이 우리를 도우시겠다고 작정하시면 어떤 방법을 동원해서라도 도우십니다. 돕는 사람을 통해서 역사를 하시든지, 아니면 초자연적인 현상을 동원해서라도 반드시 도우십니다. 결국 이스라엘 백성들은 갈라진 육지를 따라 무사히 홍해를 건넜지 않았습니까?

성경에 보면, 이 때 하나님이 밤새도록 큰 동풍으로 바닷물을 물러가게 하셨다고 기록되어 있습니다(출애굽기 14:21). 여기서 우리가 주목해야 할 것은 이 때 분명히 동풍이 불었다고 되어 있습니다. 당시 계절상으로 정상적으로 부는 바람은 동풍이 아니고 북서풍입니다. 그런데 하나님을 그 반대 방향인 동풍을 불게 하셨습니다. 왜 그랬을까요? 예, 그렇습니다. 이렇게 홍해를 가르는 것은 우연한 자연현상이 아니라, 오직 하나님이 직접 하시는 초자연적인 현상임을 극명하게 보여주시기 위함입니다. 놀라우신 섭리가 아닐 수 없습니다. 이렇게 하나님은 우리들을 도우시는 것입니다.

준비된 자의 표본 * 모세

마라의 쓴물

　이제 홍해를 당당하게 건넌 이스라엘 백성들은 시내반도로 들어섰습니다. 조금 전 하나님이 하신 그 놀라운 사건을 입으로 주고받으며 무척이나 흥분도 하고, 이런 하나님이 자신들의 하나님이라는 사실에 새삼 감사하면서 신나게 걸어갔을 것입니다. 그런데 사흘 길을 가자 먹을 물이 떨어졌습니다. 겨우 발견한 마라의 물은 써서 마실 수가 없었습니다.

　어느새 백성들은 바로 사흘 전의 하나님을 잊어버리고 모세와 하나님을 향해 원망하기 시작했습니다. 이 때 하나님은 모세의 기도를 들으시고 한 나무를 마라의 물에 던지게 하시니 그 물이 곧 달게 되어 백성들이 마셨습니다.

　제가 '마라'라고 불리는 현장에 가보니까, 조그마한 우물에 썩은 물만 약간 고여 있었습니다. 물론 실망했지요. 그런데 그 곳에서 제가 새롭게 본 것은 마라와 조금 떨어진 곳에 홍해가 위치하고 있어서 그 짠 바닷물이 땅 밑으로 스며들어와 아마 마라의 쓴 물을 만들지 않았나 하는 생각이었습니다.

　그도 그럴 것이 현재 그 주변 땅을 보면 마라의 샘물처럼 깊게 파여 있지는 않아도 군데군데 바다 물이 고여 있는 모양을 보게 됩니다. 제가 추정해 보건대, 그 당시 하나님이 나뭇가지를 마라의 물에 던지게 하셨을 때, 그 때까지만 해도 바닷물처럼 짰던 물이 짜지 않은 민물로 바뀌어지지 않았을까 하는 것입니다.

　만일에 성경에 있는 말씀처럼 그 물이 정말 단물(출애굽기 15:25)로 바뀌었다면 과연 그 단물을 얼마나 먹을 수 있었겠습니까? 물론 이 때 단물이라고 함은 꿀과도 같이 맛있는 물로 생각할 수도 있겠지요.

●
여호와 닛시 !

어쨌든 마라의 물을 보면서 쓰면 뱉고 달면 삼킨다는 옛말이 어찌 그렇게 기가 막히게 맞는지 모르겠습니다. 이스라엘 백성은 하나님의 임재하심을 직접 눈으로 봤던 사람들이었습니다. 그런 사람들이 어찌 조금만 마음에 맞지 않으면 그냥 하나님을 원망하고 모세를 원망할 수 있겠습니까? 이게 바로 우리들의 모습이 아니라고 누가 감히 자신있게 얘기할 수 있겠습니까? 이스라엘 백성들만 탓할 문제입니까? 우리도 그들과 전혀 다를 바 없는 철부지들일 것입니다.

내게 주어진 환경이 좋고, 하는 일이 잘 되고, 돈도 잘 벌고, 진급도 잘 되고, 자식들도 좋은 학교에 들어가면, 그 때는 하나님이 그야말로 나의 하나님이시며 언제나 나를 위해 존재하시는 하나님이 되십니다.

그러나 반대상황이 되어 하는 일이 죽어라 안 되고, 부도나기 일보 직전에 있고, 자식들은 대학에 낙방하고, 참으로 참혹한 환경에 빠지면 그 때의 하나님은 이미 나의 하나님과는 담을 쌓은 하나님이 되십니다. 하나님이 있다면 왜 내가 이런 꼴을 당해야 하는가? 하나님이 있다면 저놈은 저렇게 하는 일마다 잘되는데 나는 왜 맨날 요모양 요꼴인가?

여러분! 우리가 처한 환경이 어떠하든지 분명하게 말할 수 있는 것은 하나님은 아브라함 당시나 모세 당시나 동일하게 오늘도 우리와 함께 계신다고 하는 사실입니다. 정말 이것만은 놓쳐서는 안 됩니다. 그리하여 마라의 쓴물과도 같은 인생길에서 필요한 때를 맞추어 반드시 우리에게 단물을 허락하시는 것입니다.

르비딤전투

이제 갈증을 해소한 이스라엘 백성은 광야에서 하나님으로부터 만나

준비된 자의 표본 ＊ 모세

와 메추라기를 선물로 받고 드디어 르비딤에 도착했습니다. 그런데 또 마실 물이 없었습니다. 이번에도 여지없이 이스라엘 백성들은 모세에게 삿대질을 합니다. 이에 모세는 또 하나님께 기도하고 반석을 쳐서 물을 냅니다. 그리하여 이 반석은 므리바라고 불렸는데, 그것은 이스라엘 백성들이 다투었다고 하는 의미인 동시에, 그들이 하나님을 시험하였다고 하는 의미입니다.

자, 여러분, 이제 이곳에서 전쟁이 일어납니다. 이 근처에서 배회하던 아말렉족이 물의 냄새를 맡았나 봅니다. 이스라엘이나 시내반도의 토질은 주로 석회암 또는 백악(chalk)으로 되어 있습니다. 이 토질의 특징은 비가 오면 금방 물이 땅 밑으로 스며들어 지하수로 고이게 됩니다. 그래서 땅을 파야 물을 얻을 수 있습니다. 그런 이유로 성경에 보면 많은 경우 이러한 우물을 중심으로 다툼이나 전쟁이 일어납니다. 아말렉족은 아마 이 때 물을 심히 갈구하다가 르비딤 지역에서 솟아나는 물 냄새를 분명히 맡았을 것입니다. 오늘 그 현장에 가보면 종려나무들이 우거져 있고 많은 물이 나는 사막의 오아시스로 변해 있습니다.

아마 그 당시 모세가 하나님의 능력으로 만든 반석의 물이 이렇게 오아시스로 변하지 않았나 생각해 보았습니다. 아말렉족은 야곱의 형이었던 에서의 아들 엘리바스가 그의 첩 딤나에게서 낳은 아들을 조상으로 두고 있으며(창세기 36:12), 그 뜻은 '호전적인', '계곡에 거주하는'이란 의미를 가지고 있습니다. 휘몰아치듯 광야를 누비며 다니면서 아주 전쟁에 능했던 족속들이었지요. 이런 무시무시한 족속이 이제 이스라엘 백성을 향해 쳐들어온 것입니다.

그 동안 있었던 마라의 물 사건이라든지 므리바의 물 사건은 이스라엘 내부의 다툼으로 끝났지만, 이제는 외부 적과의 전쟁이었습니다.

여호와 닛시!

이스라엘 백성이 출애굽하여 사실상 처음으로 겪는 외부인과의 전쟁이었지요. 그것도 첫상대가 광야에서 단련된 막강한 아말렉족입니다. 아직 제대로 스파링도 안한 상황에서 처음부터 너무 센 상대를 만난 것이지요.

정말이지 아직 한번도 전쟁다운 전쟁을 겪어 보지 못했고, 사실상 제대로 된 군사훈련도 한번 받아 보지 못했던 이스라엘로서는 참으로 위기의 순간이 아닐 수 없었습니다. 그도 그럴 것이 그들은 애굽 땅에서 무려 430년이나 종살이를 하고 막 그곳을 탈출하였던 민족이 아닙니까? 그 동안 무슨 군사훈련이 있었겠습니까?

아, 정말 이런 위기에서 어찌해야 살아남을 수 있겠습니까? 그런데 모세가 누구입니까? 이런 위기 앞에서 모세는 침착하게 여호수아에게 지시합니다. 출애굽기 17장 9절부터 보면, 이 때 모세는 여호수아에게 사람을 택하여 나가서 아말렉족과 싸우라고 합니다.

그리고 자신은 아론과 훌을 데리고 산꼭대기에 올라가서 기도합니다. 이 때 모세의 두 손이 올라가면 여호수아가 이기고, 피곤하여 내려가면 곤경에 빠지게 됩니다. 그래서 모세의 두 팔을 아론과 훌이 붙들어 올립니다. 그리하여 해가 질 무렵 여호수아는 아말렉족을 쳐서 마침내 격파해 버리고 맙니다. 모세가 이 때 단을 쌓고 '여호와 닛시' 곧 '여호와는 나의 깃발!'이라고 부릅니다.

여러분, 여기서 우리는 무엇을 봤습니까? 예, 바로 모세의 용병술입니다. 그는 여호수아에게 명하여 사람을 택하라고 했습니다. 왜 그랬을까요? 여러분이 직접 그 르비딤의 현장에 가보시면 바로 알아차리시겠지만, 제가 가서 보니까 그 지역은 많은 병력이 한꺼번에 활동할 수 있는 지역이 아닙니다. 기다란 협곡으로 형성되어 있어서 많은 병력이 들어가면 오히려 싸움에 방해가 될 뿐입니다. 그래서 보다 자유롭게 활동을 하기 위해서는 정예의 군사들이 필요했던 것입니다. 그래서 모세는 여호수아로 하여금 잘 싸울 수 있는 사람만 선별하여 정예의 군대로 만들어 나가게 했던 것입니다. 만일 사람의 수만 믿고 무모하게 그 협곡에 대군을 집어넣었다면 오히려 큰 피해만 입고 도망쳐 나왔을 게 뻔합니다. 전쟁에서 이기고 지는 것은 사람의 수에 달려 있지 않음을 성경의 여러 전쟁을 통해서 우리는 잘 알고 있습니다.

핫셉슈트 공주

다음으로 주목해야 할 것은 모세는 이 상황에서 오직 기도만 했다는 것입니다. 기도는 모세가 지금까지 위기에 봉착될 때마다 사용했던 최고의 위기해결책이었지요. 그리고 그 방법은 반드시 성공하였습니다. 의인의 기도는 역사하는 힘이 있지요. 그런데 모세가 정말 싸움을 할 줄 몰라서 여호수아에게 싸움을 맡기고 자기는 기도만 했을까요? 지금부터 이에 대한 분명한 답을 하기 위해서 우리들은 그 동안 모세에 관해 잘 알려지지 않았던 재미있는 부분을 살펴보기로 하겠습니다.

모세는 B.C. 1525년무렵에 애굽 땅에서 태어났습니다. 이 때는 애굽의 전성기였던 제18왕조시대였고, 툿트모세 1세(Tuthmosis I, B.C. 1525-1512년 재위)가 애굽을 다스리고 있었습니다. 그 동안 애굽 땅에서 노예생활을 하고 있었던 이스라엘 백성들이 점점 강성해지자 애굽 왕은 히브리 산파를 통해 남자아이가 태어나면 모조리 죽일 것을 명령하였습니다.

몰래 키우다 도저히 그럴 수 없게 된 모세의 어머니 요게벳은 갈대 상자에 모세를 넣고 나일강으로 떠워 보내게 되었습니다. 그런데 여러분이 너무나 잘 아시는 대로, 애굽 왕의 딸인 공주가 모세를 물에서 건져 왕궁에서 키우게 됩니다. 모세라는 이름이 바로 '물에서 건지다'라고 하는 뜻이지요. 이 공주는 후일 툿트모세 1세의 뒤를 잇게 되는 툿트모세 2세의 아내로서 핫셉슈트였습니다. 제가 이집트 박물관에 가서 모세의 양어머니가 된 핫셉슈트 공주의 흉상을 보았지요. 그런데 여자였으면서 턱수염을 붙이고 있었습니다. 이상히 여겼는데 그 이유가 있었습니다.

핫셉슈트 공주의 남편 툿트모세 2세는 핫셉슈트와의 사이에 아들은 낳지 못하고 네프루 레라고 이름한 딸만 하나 낳았습니다. 딸만 가졌던 핫셉슈트가 모세를 물에서 봤을 때 얼마나 기뻐했을까요? 그래서 두말도 하지 않고 냉큼 모세를 건져내어 아들로 삼았던 것입니다.

이제 왜 애굽의 공주가 모세를 양아들로 쉽게 삼게 되었는지 그 배경이 이해되지 않습니까? 물론 이 과정도 철저하게 하나님이 준비해 두신 각본에 의한 것이었지요. 일반적인 상식으로는 도무지 이해가 되지 않는 것이 사실 이 부분입니다.

우연치고는 너무도 우연의 일이니까요. 우리가 보통 말하는 우연이라는 것은 사실 있을 수 없는 것입니다. 하나님 안에서는 우연이라는 것이 없기 때문입니다. 하나님이 간섭하지 않으시는 어떤 일도 세상에는 존재하지 않습니다. 자, 이 부분은 너무너무 중요하니 저를 따라서 힘차게 복창하시겠습니다. "세상에는 우연이란 게 없다! 특히 하나님을 믿는 사람에게는 더욱 그렇다! 고로 내게 닥치는 그 어떤 일도 우연히, 재수없어서 생기는 것이 아니라 다 하나님의 손 안에서, 하나님의 섭리 안에서 일어나는 것이다! 고로 문제를 알았으니 답은? 하나님이 가지고 계신다!"

핫셉슈트 공주에게서 아들을 얻지 못하였던 툿트모세 2세는 그 후

준비된 자의 표본 * 모세

이시스라고 하는 첩을 통해 툿트모세 3세를 낳았고, 그리고 얼마지 않아 젊은 나이에 죽고 말았습니다. 이제 애굽은 첩의 소생 툿트모세 3세에 의해 다스려졌어야 했으나 너무나 어렸기 때문에 핫셉슈트 공주가 어린 툿트모세 3세를 대신해서 근 20년간을 실질적인 애굽 왕으로서 실권을 행사하였습니다.

그래서 마치 남자처럼 강인하게 보이기 위해 턱수염을 붙여 놓은 것이었습니다. 후일 툿트모세 3세가 성장하여 핫셉슈트에게서 왕권을 빼앗자 그는 그 동안의 설움과 한풀이를 무섭게 하였다고 전해집니다. 핫셉슈트와 관련된 것은 무덤이고 뭐고 다 파괴되었고 제대로 보존된 게 거의 없을 정도였습니다.

어쨌든 모세는 이 핫셉슈트 공주에게 건짐을 받고 외아들로서 극진한 대우를 받으며 40년간 궁중생활을 하게 됩니다. 이 때 툿트모세 3세는 모세와 거의 같이 자라게 됩니다. 그리고 이 툿트모세 3세는 유명한 애굽의 정복왕이 됩니다.

아가페 성경사전에 따르면, 툿트모세 3세는 애굽 백성들에게서 역대 애굽 왕들 가운데 가장 칭송받는 위대한 왕으로 묘사되어 있습니다. 이 툿트모세 3세는 즉위하자마자 곧 정복사업에 착수하여 가나안과 시리아로 무려 열일곱 번이나 출정하여 북방에 이르는 대애굽제국을 건설하였습니다. 그의 최초 정복사업은 이스라엘에 있는 므깃도, 곧 오늘 우리가 말하는 아마겟돈에 대한 정복이었지요. 그리고 툿트모세 3세를 이은 아문호텝 2세가 바로 출애굽시 모세와 궁중에서 대결한 애굽 왕이었습니다.

여러분, 애굽의 제18왕조는 이와 같이 수많은 전쟁을 치루었던 왕조였습니다. 이 환경에서 모세는 툿트모세 3세와 함께 궁중에서 생활했습니다. 여기에서 뭐 생각나시는 게 없습니까? 예! 그렇습니다. 이미

이 때 모세는 수많은 전쟁을 경험한 백전노장으로 훈련되었습니다. 전쟁술에도 밝았고 군사훈련의 방법이라든지 리더십도 뛰어났던 것이지요. 그래서 '십계' 영화를 보면, 모세 역을 한 찰톤 헤스턴이 전쟁을 치루고 당당하게 개선하자 애굽 백성들이 열렬히 환호하는 장면이 자주 나오지요? 아마 그 때 당당했던 모세의 걸음걸이를 기억하실 것입니다. 참으로 전쟁에 능한 투사의 모습이었습니다.

이런 모세였습니다. 그래서 지휘통솔에 능하고 군사적인 안목이 뛰어났던 모세가 출애굽 당시 이스라엘 백성들을 끌고 나올 때 그 백성들의 모습이 어떠했겠습니까? 출애굽기 13장 18절을 봅시다 :

"이스라엘 자손이 애굽 땅에서 항오(行伍)를 지어 나올 때에"

그렇습니다! 항오를 지었습니다. 다시 말해서, 마치 군대의 행군같이 앞 뒤 열을 맞추어 질서있게 걸어나왔다고 하는 것입니다. 질서의 하나님께서 이미 모세를 통해서 질서있는 행동으로 모든 일을 처리할 수 있도록 준비시키신 것입니다.

이렇게 실전경험이 풍부한 완전한 투사요 전략가였던 모세였습니다. 그래서 아말렉족과 일전을 벌이려 할 때 좁은 지형을 보고 여호수아에게 정예의 소수병력을 추려서 이 싸움을 준비할 것을 즉각적으로 명령했던 것입니다. 몸에 배인 전장감각으로 이런 명령을 내릴 수 있었던 것이지요. 이로써 모세의 입장에서 볼 때 필요한 조치는 사실상 끝이 났던 것입니다. 이제 오직 그가 할 수 있는 것은 기도밖에 없었습니다. 앞으로 가나안 땅에 이를 때까지 이러한 방법은 변치 않고 사용됩니다. 실제적인 싸움은 여호수아가 하고, 모세는 필요한 지시를 하며 기도를 하는 것입니다.

이것은 동시에 역할분담의 중요성에 대해 말해 주고 있지요. 어느 조직이든 역할이 분명해야 강해질 수 있습니다. 사장이 사환의 역할을 하고 장군이 병사의 역할을 한다면 이미 그 조직은 붕괴될 수밖에 없습니다. 사장은 사장으로, 장군은 장군으로 제 역할을 제대로 수행할 때 그 조직이 강해지는 것입니다.

그래서 고린도전서 13장 28절에는 교회에 세운 자의 역할에 대해 말씀하고 있습니다. 이를 요약하자면, 교회 안에는 사도, 선지자, 교사, 그리고 능력을 행하고, 병을 고치며, 방언을 말하고, 통역을 하는 자들이 있는데, 그 모든 사람들은 각자가 맡은 바에 따라 제 역할을 잘 해야 한다는 것입니다. 괜히 남의 직분을 넘나보며 월권행위를 하거나 남이 하는 일에 대해 비방이나 늘어놓으면 안 된다는 것이지요.

그러나 현실적으로 우리는 너무도 많은 경우에 이런 일을 보게 됩니다. 심지어 나 자신도 그 부류에 끼어 행동할 때가 있습니다. 물론 마땅히 근절되어야 하겠지요. 저마다 하나님으로부터 맡은 역할을 충실히 할 때 모든 일은 선하게 이루어지는 것입니다.

나이 80의 모세는 자신의 역할과, 또한 현시점에서 무엇을 해야 하는지 잘 알고 있었습니다. 물론 모세의 단련된 몸으로 보아 비록 나이가 80세가 되었다 하더라도 직접 전장에 뛰어들어 전쟁지휘 정도는 충분히 할 수 있었을 것입니다. 그러나 모세는 이 일을 젊은 여호수아에게 전적으로 일임했습니다. 그리고 그는 오로지 하나님께 기도만 했습니다. 참으로 역할분담을 잘 아는 지혜로운 모습이 아닐 수 없습니다. 그래서 이스라엘은 싸울 때마다 이기게 됩니다.

이제 처음에 했던 질문을 다시 해봅니다. 아말렉족과의 싸움에서 과연 모세가 싸울 줄 몰라서 산꼭대기에 올라가 기도를 했을까요? 이쯤에서 이런 질문을 하니 우습지요? 하나님은 이렇게 이스라엘 백성들이

여호와 닛시!

가나안 땅에 이르는 동안 치뤄야 할 수많은 전쟁에 대비해서 미리부터 모세를 용감하고 지혜로운 투사로 준비시키셨던 것입니다.

하나님을 만난 사람

모세는 기도의 사람이었습니다. 어떠한 위기에 접하더라도 세상적인 방법에 의존하지 않고 그저 하나님만 바라보았습니다. 여러분, 여러분도 모세와 같은 전적인 믿음을 가지고 계십니까? 어떤 경우에도 하나님만 신뢰하십니까?

그런데 저는 여러분에게 이 말씀을 꼭 드리고 싶습니다. 어떤 측면에서 보면, 여러분이 오히려 모세나 아브라함보다 더 좋은 믿음을 가지고 계실지 모른다는 생각말입니다. 웬 공치사냐고요? 그렇지 않습니다. 여러분들은 직접 하나님을 만나지 못했던 사람들이고, 그들은 모두 하나님을 직접 만났던 사람들이었습니다.

모세의 경우를 보십시오. 시내산에서의 불타는 가시떨기사건, 애굽에서의 열 가지 재앙, 홍해기적, 마라의 쓴물 기적, 므리바의 물기적 등을 통해서 직접 하나님을 만났습니다. 또 하나님의 위대하신 역사를 눈으로 목도한 사람이었습니다. 사실 이러한 사람 치고 하나님을 신뢰하지 않을 사람이 어디 있겠습니까? 여러분이라도 감히 딴전을 피울 수 있겠습니까?

한데 여러분들은 직접 하나님을 만나 뵌 적도 없는데, 그래도 하나님을 믿지 않습니까? 물론 하나님을 봤다고 하는 매우 일부분의 사람들이 지금 정신병동에 있거나, 아니면 곧바로 죽어서 하늘에 있긴 하겠지만. 이것이 바로 도마에게 지적하신 예수님의 말씀처럼 보지 않고 믿는 자가 복되다 하는 것이지요. 사실 살아 있는 육체의 몸으로 하나님을 직접 뵙게 되면 그 영광의 광채 때문에 죽게 됩니다. 모세도 처음에는 하나님을 뵙게 되자 죽게 될 것을 두려워했지요?

구약시대에는 아직 성경이 완성되지 않았기 때문에 하나님의 구원 역사를 이끌기 위하여 하나님이 택하신 특정한 사람들에게 나타나실 필요가 있었습니다. 그러나 성경이 완성된 오늘에는 그럴 필요가 없습니다. 사실 오늘 우리는 매일 하나님을 뵙게 됩니다. 왜냐고요? 하나님의 말씀, 곧 성경이 하나님이시니까요. 우리는 하나님을 직접 눈으로 뵙지는 못해도 하나님의 말씀인 성경을 보고 믿으며 하나님을 뵙는 것이지요.

어느 날 멀리 떨어져 계시는 아버지에게 편지를 받았다면 그 편지는 비록 종이와 글씨에 불과하지만 그것은 곧 아버지를 보여 주는 것입니다. 제가 군인이니까 군에 관한 얘기를 하자면, 군에는 서식명령과 구두명령이 있습니다. 서식명령은 곧 글로 명령을 하달하는 것이지요. 비록 직접 상급지휘관의 얼굴은 보지 않았더라도 명령에 적혀 있는 글은 곧 그 지휘관의 명령이 되는 것이며, 그에 따라 다음날 새벽 6시를 기해서 감자고지를 향해 총공격을 하게 되는 것입니다. 이런 원리가 바로 우리가 하나님의 말씀을 보면서 하나님을 만난다고 하는 것입니다.

그래서 우리는 아브라함이나 모세와 같이 날마다 하나님을 만나고 있는 것입니다. 물론 사람에 따라서는 3일에 한번 만나는 경우도 있고, 1주일에 교회 가서 딱 한번 만나는 사람도 있지만말입니다. 어쨌든 우리는 그런 의미에서 이렇게 신약시대에 태어난 그 하나만으로도 감사해야 하고, 날마다 하나님을 만날 수 있는 특권을 누림에 감사해야 합니다. 날마다 성경을 가까이 하십시오. 날마다 하나님을 만나십

여호와 닛시!

시오. 우리에게 주어진 이 귀한 특권을 포기하지 마십시오.

기도와 영적 전쟁

모세는 누구보다도 기도의 위력을 알고 있는 사람이었습니다. 난관
에 봉착하면 결코 세상적인 방법을 동원하지 않았습니다. 그래서 항상
승리하였습니다. 여러분, 우리가 기도하면 하늘의 영계에서는 어떤 현
상이 벌어지고 있는지 아십니까? 우리가 하나님께 기도하면 그 때부터
영계에서는 영적 전쟁이 전개됩니다.

지금부터 그에 대한 말씀을 드릴까 합니다. 이 말씀을 이해하게 되
면 우리의 기도를 더욱더 잘 이해할 수 있게 되고, 또한 이러한 기도의
원리를 잘 아니까 모세처럼 역경에 처할 때마다 전적으로 기도에 매달
릴 수 있는 마음이 생기기 때문입니다. 덮어 놓고 믿는 것도 좋지만 열
어 놓고 알고 믿는 것도 유익할 때가 많습니다.

제가 어떤 분과 어떤 성경말씀에 대해 서로 의견을 나누고 있었는
데, 그 분이 나중에는 자신의 권위를 생각했었는지 몰라도 갑자기 역
정을 버럭 내면서 하나님 말씀을 왜 자꾸 따지려고 하느냐? 덮어 놓고
믿으면 되는 거지!라고 하셨습니다. 말은 맞는 말이지요. 어찌 하나님
의 말씀을 감히 따지려고 덤벼듭니까? 그냥 덮어 놓고 믿으면 되는 것
이지요. 그렇다면 왜 신학공부가 필요하고 박사가 필요하며 무엇 때문
에 평생을 두고 성경을 분석하고 연구합니까? 그냥 있는 그대로 몽땅
믿으면 되지. 그런데 사실 우리가 이렇게 말씀을 연구하고 따지는 것
은 믿지 못해서 그렇게 하는 것입니까?

아니지요. 당연히 우리는 하나님의 말씀을 그대로 믿습니다. 따지고

67

공부하는 것은 믿지 못해서도 아니고, 또 더욱 잘 믿기 위해서도 아닙니다. 우리가 마땅히 하나님의 말씀을 사랑하고 하나님을 더욱 잘 알기 위해서이지요. 정말이지, 세상에 덮어 놓고 믿는 사람만큼 마음 편하고 행복한 사람은 아마 없을 겁니다. 우리 어머님께서 연세가 지긋하실 때 비로소 하나님을 영접하셨는데 저는 글씨도 잘 모르시는 우리 어머님이 가끔 얼마나 부러운지 모릅니다. 어머님은 덮어 놓고 믿으십니다. 아직까지 성경의 한 구절도 따지신 일을 보지 못했습니다.

아니, 어떻게 해서 여기까지 왔는지 잘 모르겠습니다. 다시 제자리로 찾아가겠습니다. 자, 이제부터 우리는 기도할 때 영계에서 일어나는 양상을 성경말씀을 중심으로 알아보기로 하겠습니다. 다니엘서 10장 12-14절에 있는 말씀입니다 :

"그가 내게 이르되, 다니엘아, 두려워하지 말라. 네가 깨달으려 하여 네 하나님 앞에 스스로 겸비케 하기로 결심하던 첫날부터 하나님께서 다 들은 바가 되었으며, 하나님이 다니엘을 위하여 즉시 나를 보내었는데, 오는 도중에 바사국 군이 21일 동안 나를 막았으므로 내가 거기 바사국 왕들과 함께 머물러 있었는데, 군장 중 하나 미가엘이 와서 나를 도와주므로, 이제 와서 내가 말일에 네 백성의 당할 일을 네게 깨닫게 하러 왔노라."

여러분도 잘 아시다시피, 다니엘은 유다가 바벨론에게 멸망하자 소년시절부터 바벨론에 포로로 끌려가서 근 60년 동안 이 나라에서 정부 관료를 지낸 하나님의 선지자였습니다. 비록 이방국가에 살고 있었지만 단 한번도 하나님을 배반하지 않고 날마다 하루 세 번씩 기도했던 사람이었습니다. 지금 보신 말씀은 앞으로 당하게 될 이스라엘 백성들의 고난을 염려하면서 장차 일을 보여 달라고 하나님께 21일 동안 금식으로 매달렸던 다니엘에게 하나님의 사자가 나타나 들려 준 말씀입니다. 우리가 잘 아는 다니엘의 기도이지요.

그런데 여러분, 이 말씀 속에는 우리가 기도할 때 영계에서는 어떤 현상이 벌어지고 있는지 잘 보여 주고 있습니다. 다니엘이 금식으로 죽어라 하고 하나님께 매달렸지만, 결국 21일이 되어서야 하나님의 응답을 받을 수 있었습니다.

왜 그랬을까요? 그렇습니다. 하나님의 사자가 다니엘에게 오고 있었는데 그만 바사국 군들이 막았습니다. 바사란 페르시아의 왕이란 뜻이지만 바사를 지키는 수호신, 곧 악령이나 마귀들을 말하고 있지요. 그래서 영계에서 이들 세력들이 서로 싸우고 있었습니다. 결국 천사장인 미가엘의 도움을 받아서 이들을 물리치고 21일이 지나서야 다니엘에게 이른 것이지요. 마가엘은 투쟁하는 천사의 대표자입니다. 곧 영계에서는 하나님의 전사입니다. 반면 가브리엘은 계시를 알려 주는 천사이지요. 그렇습니다. 우리가 기도하면 하늘에서는 이러한 현상들이 일어납니다. 영적 전쟁이지요.

여러분, 기도하다가 응답이 늦다고 결코 실망하지 마십시오. 어떤 경우에는 곧바로 응답이 있을 때도 있지만, 어떤 경우에는 다니엘과 같이 21일이 지나는 때도 있고, 어떤 경우에는 1년이 지나는 경우도 있습니다. 어떤 경우에는 평생이 지나야 되는 때도 있음을 염두에 두십시오. 그러나 분명한 것은, 우리가 기도하면 방금 보신 말씀처럼 그 즉시 하나님은 들으신다고 하는 놀라운 사실입니다.

"네 하나님 앞에 스스로 겸비케 하기로 결심하던 첫날부터 네 말이 들으신 바 되었다."

준비된 자의 표본 * 모세

다니엘서 9장 23절도 보십시오 :

　　"곧 네가 기도를 시작할 즈음에 명령이 내렸으므로 이제 네게
　　고하러 왔느니라."

　우리가 기도하면 하나님께서는 곧바로 명령을 내리십니다. 가서 도
우라! 홀로 두지 말고 기도를 돕고 응답하라! 여러분, 얼마나 신나는
일입니까? 그리고 또 한 구절을 보시겠습니다. 요한계시록 8장 3-4절
에 있는 말씀입니다 :

　　"또 다른 천사가 와서 제단 곁에 서서 금 향로를 가지고 많은
　　향을 받았으니, 이는 모든 성도의 기도들과 합하여 보좌 앞 금단
　　에 드리고자 함이라. 향연이 성도의 기도와 함께 천사의 손으로부
　　터 하나님 앞으로 올라가는지라."

　그렇지요? 우리가 기도하면 그 기도는 하나도 땅에 떨어지지 않고
곧바로 하나님 앞으로 올라가지요? 만일 허공에 흩어지는 메아리가 된
다면 얼마나 허무하겠습니까? 아무 반응 없는 벽에다 소리치는 것과
무슨 다를 바가 있겠습니까? 이보다 허망한 것이 어디 있겠습니까?
　그러나 우리 기도는 이와 같이 반드시 하나님이 받으신다는 것입니
다. 그래서 기도는 일방적인 것이 아니라 하나님과 나 사이에 쌍방적
인 관계입니다. 그래서 신이 나는 것입니다. 어때요? 이제 기도하실
마음이 생기지 않으십니까?
　그런데 여러분이 꼭 기억하셔야 할 것이 또 있습니다. 제발 기도할
때 응답의 시계 스케줄을 하나님께 맡겨 달라는 것입니다. 아브라함을

여호와 닛시 !

연구할 때에도 약간 언급을 했습니다만, 대부분의 사람들은 자기의 계획된 응답스케줄로 시계를 맞추어 놓고 언제까지 이 기도를 들어 주시지 않으면 하나님 재미없습니다! 하는 것입니다. 하나님은 우리에게 복을 주시기를 좋아하시는 분이십니다. 우리의 살아 계신 아버지이십니다. 결코 생선을 달라고 하는 자식에게 전갈을 주시지 않으십니다.

우리가 지금 당장 응답받지 못하는 것은 지금 당장 응답받지 않아야 나중에 이것이 결국 유익하기 때문입니다. 지금 당장은 괴롭고 견딜 수 없는 극심한 어려움에 처할지 모르나, 궁극적으로 먼 훗날에 돌아보면 그게 훨씬 영적으로 유익하기 때문입니다.

이는 참으로 중요한 관점입니다. 여러분, 잊지 마십시오. 하나님의 생각과 길은 우리와 다르십니다. 이사야서 55장 8절로부터 있는 이 귀한 말씀을 보십시오 :

> "여호와의 말씀에, 내 생각은 너희 생각과 다르며 내 길은 너희 길과 달라서 하늘이 땅보다 높음같이 내 길은 너희 길보다 높으며 내 생각은 너희 생각보다 높으니라."

정말이지, 우리는 하나님이 하시는 그 깊은 섭리를 모릅니다. 우리는 역시 한계를 가진 인간일 수밖에 없습니다. 그저 하나님의 인도하심에 맡기는 것 외에는 무슨 방도가 있겠습니까?

그리고 실제로 우리가 무엇을 좀 해보겠다 빡빡 애를 쓴다고 해서 근본적으로 달라지는 게 무엇이 있겠습니까? 그래서 잠언 16장 9절 말씀에 이렇게 단단히 못을 박고 있는 것이 아니겠습니까?

> "사람이 마음으로 자기의 길을 계획할지라도 그 걸음을 인도하

는 자는 여호와시니라."

참으로 진리가 아닐 수 없습니다. 우리는 이것을 인정해야 합니다.

바른 기도의 원리

기왕 기도에 대한 얘기가 나왔으니 조금 더 하겠습니다. 우리가 기도하면 하나님은 그 기도를 하나도 흘리지 않으시고 다 들으시는 바가 되지만 응답은 하나님께 달려 있다고 했지요? 그런데 아무리 기도해도 끝까지 들어 주시지 않는 기도가 한 가지 있습니다. 야고보서 4장 3절에 있는 말씀입니다 :

"구하여도 받지 못함은 정욕으로 쓰려고 잘못 구함이니라."

그렇습니다. 정욕으로 구하는 기도만큼은 비록 하나님이 들으신 바 되었어도 결코 응답을 주시지 않으십니다.

자, 여러분. 제가 한 가지 재미있는 제안을 해보겠습니다. 여러분은 아마 지금까지 이런 것은 해보지 않았을 것 같습니다만, 우리가 하는 기도의 내용을 도표로 분석해 보는 것입니다.

여러분이 회사에 다니면서 월말이나 연말이 되면 사업실적을 도표로 또는 다이어그램으로 백분율 분석을 하시지요? 마찬가지로 우리가 하는 기도를 이렇게 백분율로 분석해 보기로 합니다. 지금부터 시작하겠습니다. 30분 정도 기도를 했다고 합시다. 그러면 내 자식들을 위한 기도가 10분, 내 남편 승진을 위한 기도가 10분, 콜록거리는 내 기침을 멈추게 해달라고 한 기도가 8분, 그리고 남은 2분은 어디에 썼나? 이렇게 해보시는 것입니다.

자! 어떻습니까? 기도의 질을 보니까 대부분의 경우 내 자신과 내 가족 주위를 뱅뱅 돌지 않았습니까? 아마 기도한 시간의 90퍼센트 이상은 나를 중심으로 한 기도일 것입니다. 만일 그렇지 않으신 분이 계신다면 참으로 존경받을 만한 분일 것입니다. 발등의 불이 언제나 급하고 뜨거운 법입니다. 당연할지도 모릅니다.

그러나 여러분, 이 시간에 저는 예수님께서 우리들에게 친히 가르쳐 주신 올바른 기도의 원리를 생각해 보고자 합니다. 누가복음 12장 29-31절 말씀입니다 :

> "너희는 무엇을 먹을까 무엇을 마실까 하여 구하지 말며 근심하지도 말라. 이 모든 것은 세상 백성들이 구하는 것이라. 너희 아버지께서 이런 것이 너희에게 있어야 될 줄을 아시느니라. 오직 너희는 그의 나라를 구하라. 그리하면 이런 것을 너희에게 더하시리라."

자, 얼마나 지당하신 말씀입니까? 우리는 세상 백성들이 아닙니다. 그래서 세상 백성들이 구하는 방식대로 구해서는 안 됩니다. 이런 것들은 이미 우리가 구하지 않아도 하나님께서 당연히 알고 계십니다. 무엇을 구해야 합니까? 예, 오직 그의 나라를 구해야 합니다! 그러면 자동적으로 세상 백성들이 구하는 먹을 것과 마실 것은 따라오게 되어 있습니다. 이 얼마나 신나는 일입니까? 이것이 올바른 기도의 원리입니다. 고린도전서 10장 24절에도 이렇게 말씀하고 있습니다 :

준비된 자의 표본 * 모세

"누구든지 자기의 유익을 구치 말고 남의 유익을 구하라."

　그래서 저는 이렇게 기도의 방법을 제안합니다. 자리에 앉자마자 이런 순서로 기도를 시작합니다. 하나님의 영광을 찬양하고, 세계에 나가 있는 선교사들을 위하여 기도하고, 나라와 민족을 위하여 기도하고, 교회와 목사님을 위해 기도하고, 믿지 않는 이들의 전도를 위해 기도하고, 내 이웃의 아픈 사람과 역경에 처한 사람을 위해 기도하고, 그리고 맨 나중에 혹시 시간이 된다면 내 가족을 위한 기도를 약간 넣어 주는 것입니다.

　어떻습니까? 이렇게 한번 기도의 순서를 바꾸어 보십시오. 그렇게 기도하면 아마도 틀림없이 아주 마음이 편안하고 감사가 저절로 넘치실 것입니다. 중언부언하면서 하는 한 시간의 기도보다 올바른 기도 십 분이 나을 것입니다. 기도는 양보다 질이 더 중요하다고 생각합니다. 예수님도 중언부언하며 겉으로 드러내는 기도를 하는 바리새인을 향하여 "회칠한 무덤" 같다고 지적하셨지요.

　외모보다 중심을 보시는 하나님, 그분께서 지금 여러분의 중심을 보고 계십니다. 내 중심에서 하나님을 사랑하고 이웃을 사랑하는 마음으로 드리는 기도가 참으로 아름다우며 향기가 나는 기도일 것입니다. 우리가 천국에 갔을 때 하나님 보좌 앞에 놓여진 자신의 기도 창고를 열어 보고, 하나님의 의를 위해 드리워졌던 많은 기도를 확인하게 될 것입니다. 그 향기로운 냄새를 듬뿍 맡게 될 것입니다. 그렇지 않고 만일 지금처럼 하는 기도가 평생을 두고 지속된다면 그 기도의 창고 속에는 온통 지저분하고 욕심이 가득한 쓰레기 때문에 악취만 가득할 것입니다.

　모세는 기도의 사람이었습니다. 모세의 기도는 이런 면에서 볼 때

여호와 닛시!

참으로 본받을 만합니다. 모세는 자기의 유익을 위한 기도를 하지 않고 언제나 하나님의 영광과 백성을 위한 기도를 하였습니다.

여러분, 우리는 출애굽기 32장에 있는 모세의 기도에 대해 눈여겨봐야 합니다. 모세가 시내산에서 십계명을 받고 내려왔을 때 백성들은 금송아지를 만들고 광란의 춤을 추었습니다. 이 때 하나님은 크게 진노하셔서 모세에게 이 백성들을 모조리 진멸하고 그 대신 모세에게는 큰 나라가 되게 해주시겠다고 하셨습니다(10절).

그토록 지긋지긋하게 속을 썩여 왔던 이스라엘 백성들, 이제 꼴 보기 싫을 법도 합니다. 더구나 이 기회에 새롭게 큰 나라까지 주시겠다고 하나님이 말씀하시니 이런 절호의 찬스가 또 어디에 있단말입니까? 아, 그런데 모세는 또 이렇게 하나님의 바지를 붙들고 늘어집니다 :

> "그들의 죄를 사하시옵소서. 그렇지 않사오면, 원컨대 주의 기록하신 책에서 내 이름을 지워 버려 주옵소서."

이 사람이 모세입니다! 생명책에서 이름이 삭제되어도 좋으니 백성들을 용서해 달라고 합니다. 내 한 몸은 하나님께 괘씸죄에 걸려서 지옥에라도 가도 좋으니 제발 내 백성만큼은 살려 달라고 하는 절규입니다. 여러분, 지그시 눈을 감고 그 때 모세의 기도 장면을 한번 상상해 보십시오. 딱딱한 바위 위에 야윈 무릎을 박고 눈물콧물을 있는 대로 다 흘리며 피가 마르도록 목이 다 쉬도록 하나님께 두 손 들고 애타게 부르짖는 그 늙은 모세를 말입니다. 참으로 저절로 고개가 숙여지고 존경심이 뚝뚝 우러납니다. 우리도 눈물이 막 날 지경입니다.

자, 여러분, 여기서 아브라함이 했던 기도에 대해서도 잠시 살펴보겠습니다. 특별히 중보기도의 위력에 대해서 말씀드릴까 합니다. 중보기도라는 것은 남을 위해 해주는 기도를 말합니다. 창세기 18장 22절에 보면, 하나님이 소돔에 대해 멸망을 예고하셨을 때 아브라함은 하나님께 매달리며 소돔에 살고 있는 의인들을 위한 중보기도를 합니다. 하나님은 만일 50명의 의인을 찾을 수만 있으면 멸망시키지 않겠다고 하셨습니다. 그러나 그 죄악의 성읍에서 50명은 찾을 수 없었습니다. 결국 아브라함은 하나님과 흥정(?)에 흥정을 거듭해서 결국 10명까지 깎아 봅니다. 그러나 결국 의인 열 명을 찾지 못해 소돔과 고모라, 그리고 아드마, 스보임까지 유황불로 멸망당하고 맙니다.

이 때 아브라함이 그야말로 목숨을 건 흥정을 하는 장면을 성경에는 기록하고 있습니다.

"주는 노하지 마옵소서. 내가 이번만 더 말씀하리이다."

이 말을 수 차례나 반복하면서 하나님께 끈질기게 매달렸던 것입니다. 정말이지 자칫 하나님의 노여움으로 죽을 수도 있었겠지요. 그러나 제 한 목숨을 바쳐서라도 의인들을 구원하고자 하는 아브라함의 간절한 심정을 왜 하나님이 모르셨겠습니까?

이 중보기도 결과, 결국 아브라함의 조카 롯의 가족만 구원을 받았습니다. 창세기 19장 29절 말씀에 보면 이런 기록이 있습니다 :

"하나님이 들의 성들을 멸하실 때 곧 롯의 거하는 성을 엎으실 때에 아브라함을 생각하사 롯을 그 엎으시는 중에서 내어 보내셨더라."

아브라함의 중보기도 결과 롯이 구원된 장면입니다. 이 사실로 보아 중보기도는 죽어야 할 목숨도 살릴 수 있는 위대한 힘이 있는 것입니다.

또 한 가지 우리가 주목해야 할 것은 아브라함이 중보기도를 할 때 그들을 무조건 심판하지 말라고 기도하지 않았다는 사실입니다. 다만 하나님의 공의에 호소하였습니다.

하나님은 공의의 하나님이시기 때문에 이를 잘 아는 아브라함이 하나님의 속성에 호소한 것이지요. 의인 50명에서 10명으로 내려가는 동안 단 한 번도 아브라함은 롯의 이름을 들먹이면서 간청하지 않았다는 사실에 주목할 필요가 있습니다.

물론 마음속으로는 생각했을 수 있겠지만 적어도 겉으로는 오직 하나님께 "의인들은 살려 주어야 되지 않겠습니까?"라는 기도만 했습니다. 참 중요한 자세가 아닐 수 없습니다. 따라서 우리가 남을 위해 중보기도를 할 때에도 무조건 복을 받게 해달라고 기도할 것이 아니라 하나님의 뜻이 기도받는 대상을 통해 이루어지기를 간구해야 할 것입니다. 그것이 올바른 중보기도의 방법입니다. 우리에게도 아브라함과 같이 하나님의 의를 위한 기도, 남을 위한 기도, 그리고 모세와 같이 나라와 민족을 위한 기도가 필요한 것입니다.

당장에 내일 막아야 할 수표가 있는데 어찌 그것을 위한 기도는 하지 않고 남과 나라와 민족을 위한 기도를 할 수 있느냐라고 항의하실 분도 계실 것입니다. 알아서 하십시오. 어쨌든 저는 어떤 것이 올바른 기도의 원리이며 어떻게 해야 하나님이 기뻐하시는 기도가 될 것인가를 말씀을 중심으로 가르쳐 드린 죄밖에 없습니다.

그리고 또 한 가지 우리가 기억해야 할 것은 이 세상이 심판받는 것은 죄인이 많기 때문이 아니라 의인이 없기 때문이라는 것입니다. 예

준비된 자의 표본＊모세

레미아 5장 1절에 보면 이렇게 기록되어 있습니다 :

"너희는 예루살렘 거리로 빨리 왕래하며 그 넓은 거리에서 찾아보고 알라. 너희가 만일 공의를 행하며 진리를 구하는 자를 한 사람이라도 찾으면 내가 이 성을 사하리라."

소돔과 고모라 성은 의인 10명이 없어서 멸망당하였지만, 예루살렘 곧 유다는 단 한 명의 의인이 없어서 멸망당하였습니다. 이게 무슨 말인지 아시겠습니까? 당연히 의인이 많을 것으로 생각되는 거룩한 도성인 예루살렘에조차도 단 한 명의 의인이 없었다고 하는 얘기입니다.

이것을 아시면 하나님 앞에 내가 의인이 되도록 날마다 애써야 할 것입니다. 그래야 민족이 살고 나라가 삽니다. 평생의 목표를 하나님 앞에 의인이 되는 것으로 정해도 좋을 것입니다. 물론 쉽지는 않지요.

고혈압 특효약 기도

그냥 지나치기에는 너무 아까운 신문기사가 나와서 제가 잠깐 소개합니다. 기도는 확실히 만병통치약인 것 같습니다. 여러분도 잘 아시다시피 고혈압은 소리없는 살인마라고 해서 특효약이 없습니다. 그런데 기도를 하면 고혈압도 내려간다는 겁니다. 제가 미국에서 있으면서 정말 좋은 기사를 읽었습니다. 그 신문기사 내용을 그대로 싣습니다 :

"11일 발표된 한 의학보고서에 따르면, 예배 등 종교의식에 참석해 기도를 한 사람은 일반인들에 비해 고혈압에 걸릴 확률이 적

여호와 닛시 !

다는 결과가 나왔다. 국립건강연구소 데이비드 라손 박사는 일 주일에 한 번 정도 종교행사에 참석하거나 성경을 공부한 사람들은 교회에 가지 않는 사람들에 비해 고혈압에 걸릴 확률이 40%나 적은 것으로 조사됐다고 밝혔다. 특히 교회에 직접 나가 종교의식에 참여하는 것이 집에서 라디오나 TV를 통해 종교의식을 접하는 것보다 고혈압 방지에 훨씬 효과가 있는 것으로 나타났다. 이 같은 사실은 국립건강연구소가 최근 6년 동안 65세 이상 된 노인 2391명을 상대로 실시한 역학조사 결과 밝혀졌다. 라손 박사는 종교활동은 두 가지 분야로 구성되는데, 하나는 개인적인 활동이고 다른 하나는 사회적인 활동이라며, 사회적인 활동이 개인의 건강에 매우 중요한 역할을 한다고 주장했다."(1998년 8월 11일 중앙일보)

어떻습니까? 신나지요? 이제 또 다시 모세에게로 돌아가 봅시다.

준비된 자

모세는 철저히 하나님으로부터 준비된 자였습니다. 하나님은 그를 섭리 중에 택하셔서 이스라엘 백성을 가나안 땅까지 이끌고 나갈 사명을 감당하도록 하셨습니다. 하나님은 한번 하신 약속은 반드시 지키는 분이십니다. 여러분은 아브라함에게 나타나셔서 이스라엘 백성들이 장차 당할 일을 보여 주신 하나님을 기억하실 것입니다(창세기 15:13-14). 430년의 종살이를 청산하고 4대만에 애굽 땅에서 빠져 나올 것이라고 하신 말씀말입니다.

이를 위해서 모세는 이미 선택을 받았고, 하나님은 이 말씀을 지키시기 위하여 차근차근 모세를 준비시키셨던 것입니다. 그래서 애굽 왕의 공주를 통하여 물에서 건짐을 받게 하고, 40년 동안 궁중에서 온갖 법도를 깨우치게 만드신 것입니다. 여러분, 모세가 이 40년 동안 궁중에서 무엇을 배웠겠습니까? 왕자로서 갖추어야 할 모든 것을 배웠습니다. 전쟁도 배웠고, 문학도 배웠고, 엄격한 제사법도 배웠습니다.

그런데 이러한 배움은 출애굽한 이스라엘 백성들에게 매우 긴요한 것들이었습니다. 그래서 그 배움을 바탕으로 많은 이민족과의 전쟁에서 탁월한 전략으로 여호수아를 앞장 세워 승리를 쟁취할 수 있었습니다. 시내산에서 하나님의 십계명과 율법을 받아서 이를 능히 소화하여 백성들에게 올바르게 전달할 수 있었습니다. 애굽의 여러 복잡한 이방 종교에 대해 이미 통달한지라, 그 후 하나님을 혼미하게 하는 여러 이방신들을 엄격히 구분할 수 있었습니다. 그리고 우리에게도 그 배움은 큰 혜택을 주었는데, 모세는 그 탁월한 문장 실력과 문학적인 감각으로 창세기를 비롯한 모세 5경을 남겼습니다.

생각해 보면, 이 모든 것이 결코 우연히 이루어진 것이 아니라 하나님의 예정된 각본 속에 있었던 것입니다. 우리의 눈에는 우연으로 비칠지 몰라도 결코 하나님께 우연이란 없습니다. 길가에 버려진 돌 하나 풀 한 포기조차도 하나님의 계획하신 섭리 아래 존재하거늘, 하물며 하나님의 자녀인 우리들은 어떠하겠습니까?

자, 여러분, 이제 모세 편을 마치면서 기억해야 할 것이 있습니다. 이렇게 최고 수준의 학문으로 잘 훈련된 모세가 언제 하나님으로부터 쓰임을 받았습니까? 그렇습니다. 왕궁에서 쫓겨난 후 40년간 양무리를 치던 목자였을 때였습니다.

이렇게 하나님은 겸손한 자를 찾으십니다. 자기 자신의 잘난 것을

여호와 닛시!

믿고 목이 뻣뻣한 사람은 결코 하나님의 참된 일꾼이 될 수 없습니다. 그래서 하나님은 이런 사람을 일꾼으로 삼겠다고 작정하시면 어떤 방법을 동원하시더라도 반드시 철저하게 낮아지게 하신 후에 비로소 사용하시는 것입니다. 이런 원리는 성경 전체에서 많은 사람의 예를 통해 쉽게 알 수 있습니다.

모세를 그대로 왕궁에 두었다면 과연 오늘의 모세는 더 이상 존재하지 않았을 것입니다. 모세의 입장에서 보면, 그 당시에는 왕궁에서 잘 먹고 잘 살 수 있었을지 몰라도 결국 그도 죽게 되니 오늘까지 이런 아름다운 이름으로 우리들에게 결코 남아 있을 수 없겠지요. 그래서 아름다운 이름은 보배라고 했던 것입니다(전도서 7:1).

여러분, 여러분도 이런 아름다운 이름을 남기지 않으시겠습니까? 비록 현재는 손해를 보는 듯하나, 비록 현재는 광야의 모세같이 갖은 고통과 환란으로 괴로움을 당하는 듯하나, 결국 이러한 선택이 우리를 영원히 아름답게 만들어 줄 것입니다. 출애굽기 4장 10절에 보면, 모세가 하나님 앞에서 이렇게 말합니다 :

"주여, 나는 본래 말에 능치 못한 자라. 주께서 주의 종에게 명하신 후에도 그러하니, 나는 입이 뻣뻣하고 혀가 둔한 자니이다."

그런데 여러분은 이 말을 액면 그대로 믿습니까? 정말 모세가 입이 둔한 자(출애굽기 6:12)라고 믿는 것입니까? 천만의 말씀이지요. 모세가 어떤 사람이었습니까? 왕궁에서 애굽의 막강한 왕자로서 최고의 학문을 익혔으며 수많은 사람을 부리고 군사를 호령했던 사람이었습니다.

그러면 왜 이런 말을 했을까요? 물론 하나님께서 주신 사명이 너무도 크고 중해서 도저히 감당할 수 없을 것이라고 하는 염려와 두려움 때문에 발뺌을 하기 위해 변명을 한 것이겠지요. 아니면 실제로 옛날에는 말을 잘했던 사람이었는데 40년간 양치기를 하다 보니 입이 둔해졌는지도 모릅니다. 혹자는 혀가 둔하다는 것을 말을 느리게 한다는 것을 의미한다고 해석하기도 합니다만.

그럴지도 모릅니다. 그러나 여기서 우리가 눈여겨봐야 할 것은, 어찌됐건 이제 그만큼 모세의 마음이 바닥까지 낮아졌다는 것입니다. 그래서 하나님은 말 잘하는 모세의 형 아론을 붙여 주십니다. 제가 생각하기에는, 경험상으로나 학문적으로나 모세가 아론보다 몇 배나 말을 잘할 수 있었을 것이라고 봅니다. 사도행전 7장 22절에 보면, 스데반이 설교할 때 과연 모세가 어떠한 사람이었는지에 대해 잘 나옵니다 :

    "모세가 애굽 사람의 학술을 다 배워 그 말과 행사가 능하더라."

그렇지요? 여기에도 분명히 '말'에도 능하다고 되어 있지요? 그렇습니다. 분명히 모세는 말을 잘했습니다. 그렇지만 끝까지 입술이 둔하고 입이 뻣뻣한 자라고 극구 사양하면서 자신을 낮추었습니다. 하나님이 왜 이것을 모르셨겠습니까? 그러나 하나님은 짐짓 모르는 체하시면서 모세에게 아론을 붙여 주셨던 것입니다. 더 이상 핑계치 못하도록 못을 박으신 것이지요.

아마 이 때 하나님은 이제 더 이상 끌지 않고 슬슬 모세의 마음을 달래어 일을 시작하기로 작정하신 것 같습니다. 때가 되었으니까요. 이후 모세는 끝까지 자신을 내세우지 않고 하나님이 붙여 주신 아론을 내세워 일을 진행합니다. 그리고 자신은 언제나 무릎꿇고 하나님께 기도로 매달리며 하나님의 음성과 지시를 기다렸습니다. 그야말로 철저하게 하나님의 종이 된 것입니다. 그래서 신명기 34장 10절에 기록된 말씀처럼, "그 후에는 이스라엘에 모세와 같은 선지자가 일어나지 못하였다"고 하는 칭송을 듣게 되었습니다.

여호와 닛시

가나안 땅을 바라보면서 이제 120세가 된 모세는 여호수아와 이스라엘 백성에게 유언적인 말을 합니다. 그가 평생을 살아오면서 발견한 하나님은 늘 앞서 행하셨고 늘 함께 하셨던 하나님이심을 백성 앞에서 공포합니다. 그래서 이러한 하나님을 이스라엘 백성에게 말합니다. 그리고 부탁합니다. 아무리 힘들고 외롭고 어렵더라도 결코 이러한 하나님을 잊지 말 것을. 그래서 어떤 환경 속에서도 깃발 되시는 하나님을 바라보고 강하고 담대할 것을!

기도의 사람 모세, 하나님만 바라본 사람 모세, 그리고 참으로 온유한 사람 모세, 하나님 앞에 잘 준비된 사람 모세를 바라보면서 오늘도 우리는 마치 이스라엘 백성들이 유랑했던 광야와도 같은 이 험한 인생을 살아가면서 과연 어떻게 살아야 할 것인가를 배우게 됩니다. 그리고 이내 새로운 소망을 가지게 됩니다.

'여호와 닛시!' 모세가 붙여 준 이 가슴 설레는 이름은 우리가 힘들고 어려울 때마다 언제까지나 용기와 소망을 주는 이름으로 영원히 우리 마음속에 기억될 것입니다. 모세와 함께!

준비된 자의 표본 ✱ 모세

여리고성의 발굴현장

Ⅲ. 섬기는 자의 표본

여호수아

*

〈여리고성 함락작전〉

여호수아, 그는 언제나 이인자일 수밖에 없었다. 그러나 그는 누구보다도 하나님이 기쁘게 사용하신 도구였다. 그는 하나님의 말씀이라면, 그의 주인 모세의 말이라면 군소리 없이 순종했다. 그는 출애굽 당시부터 7여 년 기간의 가나안 정복기간까지 장장 47년간을 하나님의 이름으로 전쟁을 한 진정한 투사였다. 하나님은 여호수아를 통하여 섬기고 순종하는 사람이 어떤 복을 받을 수 있는지 보여 주고 계신다. 그래서 우리도 역경 가운데서 섬기고 순종함으로 복을 받을 수 있다는 소망을 가지게 된다.

너희 섬길 자를 오늘날 택하라. 오직 나와 내 집은 여호와를 섬기겠노라 (여호수아 24장 15절).

사마리아성의 망대. 여호수아가 제단을 쌓은 에발산은 사마리아
지방의 세겜에 있다. 화려했던 사마리아성도 이렇게 망대만 남아
옛날을 말해주고 있다.

이인자의 삶

여호수아를 생각하면 언제까지나 이인자라는 생각을 지울 수 없습니다. 출애굽 당시부터 항상 모세를 따라 다녔으며, 모세의 지시에 따라 행동하고 전쟁을 했기 때문입니다. 비록 그가 모세의 후계자로서 가나안 땅을 정복하는 실질적인 사령관으로 활약을 했지만, 그래도 그를 생각하면 늘 이인자라는 생각입니다.

그런데 저는 이런 이인자의 이미지가 단단히 박혀 있는 여호수아를 보면서 많은 위안을 받습니다. 이 세상은 너무나 일등주의, 선두주자, 일인자라는 말에 찌들어 있고, 그 때문에 물불을 가리지 않고 살아가는 사람들을 보면서 본의 아닌 상처를 받기 일쑤이기 때문입니다. 왜 이인자가 되려고 하지는 않는 것일까요? 왜 자기보다 앞서는 사람을 용납하면 안 되는 것일까요? 왜 항상 내가 이겨야 되며, 왜 항상 내가 앞서 가야만 하는 것일까요? 조금도 양보를 하지 않으려는 굳은 마음, 남이 잘 되는 꼴을 보지 못하는 뒤틀어진 심보, 이런저런 것들을 생각하면 속이 답답해져 오곤 하는데, 그럴 때 여호수아를 생각하면 적지 않은 위로를 받게 됩니다.

섬기는 자의 표본 * 여호수아

그는 욕심이 없었던 인물이었습니다. 그저 주인이 시키는 대로——그 주인이 모세이든 하나님이든——섬기며 순종만 했던 사람이었습니다. 이인자가 되든 일인자가 되든, 그에게는 처음부터 관심이 없었습니다. 이렇게 순수하고 욕심 없었던 여호수아를 모세는 무척이나 사랑했습니다.

그래서 모세는 가는 곳마다 여호수아를 동행시켰고, 중요한 임무를 맡길 때마다 반드시 여호수아를 포함시켰습니다. 가데스 바네아에서 모세가 가나안 땅에 대한 정탐을 보낼 때도 여호수아를 포함시켰습니다. 시내산에서 십계명을 받을 때에도 시내산 중턱까지 동행시켰습니다. 그리고 매번 전쟁을 치를 때마다 여호수아에게 지시하여 전쟁을 승리로 이끌게 했습니다.

여호수아는 철저히 모세의 권위를 인정했고 두 마음을 품지 않았습니다. 사실 모든 병권은 여호수아에게 있었음에도 불구하고, 실권을 장악하기 위해 어떠한 쿠데타도 생각하지 않았습니다. 그저 모세가 시키는 대로만 열심히 행동했습니다. 그리고 그것이 하나님께서 주신 자신의 소명으로 깨닫고 만족하며 감사했습니다.

이렇게 섬기고 순종하는 자세 때문에 드디어 그는 일인자의 자리에 올라섰습니다. 신명기 34장 9절에 있는 말씀을 보면, 이제 죽음을 앞둔 모세가 여호수아에게 후계자의 직책을 임명합니다 :

"모세가 눈의 아들 여호수아에게 안수하였으므로 그에게 지혜의 신이 충만하니 이스라엘 자손이 여호와께서 모세에게 명하신 대로 여호수아의 말을 순종하였더라."

여러분, 이 말씀을 잘 보면 후계자로 임명된 여호수아에게 이스라엘

여호와 닛시 !

자손이 순종하였다고 되어 있습니다. 그렇습니다. 이스라엘 백성들은 모세에게 그러했듯이 여호수아에게도 순종했습니다.

만일 여호수아가 평소에 섬김과 순종의 본을 보이지 않았다면 과연 백성들이 얼마만큼 여호수아의 말에 순종하였겠습니까? 만일 여호수아가 평소에 모세에게 사사건건 거역하고 불평하며 혈기를 부리고 못마땅해하며 또 모세의 일인자 자리를 차지해 보려고 잔머리를 굴렸더라면, 과연 백성들이 얼마만큼 여호수아를 따랐을까요?

이 점은 참 중요합니다. 윗물이 맑아야 아랫물도 맑다고 했습니다. 자신은 바담 풍(風)이라 하면서 자식들에게는 바람 풍을 기대할 수 없습니다. 옆으로 기는 어미 게가 똑바로 기지 못한다고 자식 게를 나무랄 수 없습니다. 그저 보고 배우는 대로 따라하게 되어 있습니다. 모든 일은 억지로는 안 되는 것입니다. 억지로 하면 반드시 탈이 나게 되어 있습니다. 억지로 하는 일은 결코 오래 가지 않습니다.

백성들 눈에 이미 여호수아는 철저히 섬기고 순종하는 사람이었습니다. 그래서 그들도 여호수아에게 순종하는 것이 마땅하였습니다. 모세는 광야를 거치는 동안 백성들로부터 수많은 원망과 불평을 들었습니다. 어떤 때에는 돌에 맞아 죽을 위기까지 갔습니다. 그런데 섬김의 사람 여호수아에게 백성들은 참으로 고분고분하였습니다. 어찌 보면 광야보다 더 위험하고 더 많은 전쟁을 치렀던 가나안 땅에 들어갔을 때에도, 여호수아를 향해 백성들이 불평한 대목을 찾아 볼 수 없습니다. 사실 말이 젖과 꿀이 흐르는 땅이지, 실제로 가나안 땅에 들어갔을 때 이스라엘 백성들은 상상 외의 땅에 실망을 했을 것이 뻔한 상황에서도, 결코 모세 당시처럼 여호수아에게는 일체의 원망과 불평을 하지 않았습니다. 그런 측면에서 보면 여호수아는 참 행복한 사람이었습니다. 이는 이인자만이 누릴 수 있는 기쁨이요 섬기는 자만이 얻을 수 있

섬기는 자의 표본 ✽ 여호수아

는 축복입니다.

여러분, 우리도 이제 이러한 여호수아를 배워야 할 때가 온 것 같습니다. 마음을 비우면 자유로워집니다. 내가 아니면 안 된다는 생각에서 빨리 벗어나야 여호수아가 됩니다. 내가 선두주자가 안 되면 세상이 잘못 된다는 생각에서 빨리 벗어나야 여호수아가 됩니다.

더 늦기 전에 빨리 벗어나십시오! 이인자에 만족하십시오. 나보다 똑똑하다고 속으로 인정되는 사람이 있으면 앞에 내보내십시오. 가끔 나보다는 덜 똑똑하다고 생각되는 사람일지라도 기를 쓰고 앞에 가고 싶어하면 그냥 못 본 척하고 앞으로 내보내십시오.

내가 대접받고 싶은 그대로 남을 대접하십시오. 섬김을 당하는 것보다 섬기는 것을 더 즐거이 생각하십시오. 이렇게 할 때 우리는 차츰 여호수아가 되어 가는 것입니다. 그리고 한결 속이 편해지실 것입니다. 삶에 여유도 생길 것입니다. 그리고 비로소 남을 돌아볼 수 있을 것입니다.

여호수아라는 이름은 '여호와는 구원이시다'라고 하는 뜻이지만, 근원적으로 보면 바로 예수님의 이름입니다. 그래서 여호수아를 예수 그리스도의 예표로 생각하기도 합니다. 예수님은 우리에게 섬김의 자세를 가르쳐 주셨고, 몸소 섬기는 삶을 사셨습니다. 예수님은 제자들의 발을 씻어 주시면서 섬김의 본을 보여 주셨습니다. 마가복음 10장 43절은 예수님이 가르쳐 주신 섬김에 대해 말씀하고 있습니다 :

> "너희 중에 누구든지 크고자 하는 자는 너희를 섬기는 자가 되고 너희 중에 누구든지 으뜸이 되고자 하는 자는 모든 사람의 종이 되어야 하리라."

여호와 닛시 !

이것이 예수님이 우리들에게 가르쳐 주신 섬김의 원리입니다. 남을 섬길 줄 안다고 하는 것은 마음이 그만큼 겸손하다는 것입니다. 세상에 참으로 보기 좋은 모습은 겸손한 모습일 것입니다. 아는 것이 적어서 낮은 자가 되는 것이 아니라, 많이 알고 높은 직책에 있으면서도 자신을 낮출 줄 아는 사람이 아름다운 사람입니다. 저는 매우 드물게 그런 겸손한 분을 만날 때 그렇게 기분이 좋을 수가 없습니다. 그래서 저도 그분과 같이 겸손한 사람이 되어야지 하고 항상 다짐하지만 그게 참 어렵습니다.

산을 타는 사람들은 정상에 올라가면 더 이상 올라갈 곳이 없어서 내려옵니다. 마찬가지로 가장 높은 수준에 도달한 수양자는 그 때부터 내려 올 수밖에 없습니다. 아직 바닥에 맴도는 사람들이 높은 곳에 올라가려고 스스로를 올리는 것입니다. 우리는 이제부터라도 섬기고 순종하며 낮은 곳에 임하는 훈련을 날마다 해야 할 것입니다.

젖과 꿀

드디어 이스라엘 백성들은 꿈에도 그리던 가나안 땅으로 들어가게 됩니다. 하나님이 친히 말씀하셨던 젖과 꿀이 흐르는 땅으로 말입니다. 여러분, 여기서 말하고 있는 젖과 꿀이 흐르는 땅은 무엇을 의미하고 있습니까? 물론 여러 가지로 생각해 볼 수 있습니다만, 제가 이스라엘 현지에서 이 내용을 질문해 본 결과 몇 가지 그럴 듯한 답을 얻었기에 간단히 소개합니다.

첫째, 이스라엘은 양이나 염소나 소 등 목축업이 잘 발달되어서 이런 가축들에 의해 젖을 얻을 수 있기 때문에 '젖'이라 표현했고, 전형적인 지중해성 기후 때문에 과일이 잘 익는데 이 과일은 마치 꿀맛과 같다고 해서 '꿀'이라 표현하여, 젖과 꿀이 흐르는 땅이라고 한다는 것입니다.

이는 현지에 가보면 금방 확인할 수 있습니다. 이스라엘의 과일은 얼마나 달고 싱싱한지 모릅니다. 오렌지를 이로 물면 물씬 물이 터져 나오면서 향기가 코를 진동시킵니다. 아, 그 맛! 아직도 생각납니다.

둘째, 이스라엘의 토양은 남부 사막지대를 빼면 전반적으로 매우 비옥하여 아무 곡식이나 심어도 잘 자란다고 합니다. 그래서 이 비옥한 토양을 두고 젖과 꿀이 흐르는 땅이라고 부르고 있습니다.

셋째, 광야에서 40년을 유랑했던 이스라엘 백성들의 눈에는 그래도 물과 숲이 있는 가나안 땅이 메마른 광야와 비교해 볼 때 틀림없이 젖과 꿀이 흐르는 땅으로 비쳐졌을 것이라는 점입니다. 그렇습니다. 실제로 모세가 가나안 땅을 처음이자 마지막으로 보았던 느보산에서 가나안 땅을 바라보면 얼마나 아름다운지 모릅니다.

마지막으로, 영적인 의미에서 볼 때 젖과 꿀이 흐르는 가나안 땅이란 우리가 가는 천국을 상징적으로 의미한다는 것입니다.

어떻습니까? 이 네 가지의 의미가 나름대로 일리가 있지 않습니까? 그런데 모세는 40년간이나 꿈에도 그렸던 이 젖과 꿀이 흐르는 가나안 땅에 들어가지 못하고 가나안 땅이 빤히 바라다 보이는 곳에서 죽고 말았습니다. 많은 사람들이 왜 그토록 하나님께 충성을 다했던 모세가 가나안 땅에 들어갈 수 없었느냐고 항변도 합니다. 너무 억울하지 않느냐고 목에 핏대도 내면서말입니다. 아마 모세의 철저한 팬이 아닌가 생각합니다만.

그렇지만 알 것은 바로 알아야 합니다. 하나님은 이미 두 번씩이나 모세가 가나안 땅에 들어갈 수 있는 자격을 박탈하셨습니다. 첫째는,

여호와 닛시!

가데스바네아에서 열두 명의 정탐꾼을 가나안으로 보낸 후 정탐보고를 하는 과정에서의 일입니다. 여러분도 잘 아시다시피, 여호수아와 갈렙만 하나님의 약속하신 땅을 믿고 긍정적인 보고를 했고, 나머지 열 명은 부정적인 보고를 했습니다.

그래서 그 때 하나님이 여호수아와 갈렙 외 20세 이상의 장정들은 단 한 명도 가나안 땅에 들어갈 수 없다고 엄명하셨습니다(민수기 14: 29-30). 이 때 모세도 아론도 분명히 20세가 넘은 사람들이었음에 분명하지요?

둘째는, 모세가 혈기로 바위를 두 번 친 사건입니다. 민수기 20장 12절에 있는 말씀처럼 물을 달라고 아우성치는 이스라엘 백성들 앞에서 하나님의 영광을 나타내지 않고 혈기로 바위를 두 번이나 내리침으로써 하나님의 진노를 사서 가나안 땅 입국 자격을 잃고 말았던 것입니다. 하나님은 그저 바위를 보고 명하라고 했지 혈기를 부려 치라고는 하지 않았지요. 그것도 두 번씩이나!

여러분, 여기서 우리가 주목해야 할 것이 있습니다. 아무리 평생을 두고 충성스럽게 하나님을 섬기다가도 막판에 잘못 섬기면 그 동안 애써 섬긴 것들이 다 허사가 되고 만다는 것입니다. 죽는 순간까지 끝까지 변치 않고 잘 섬겨야 복을 받는 것입니다.

그토록 위대했던 하나님의 종 모세까지도 가차없이 가나안 땅 입국 자격을 박탈하신 엄격하신 하나님이십니다. 사랑의 하나님이 가지고 계시는 또 다른 속성입니다. 그래서 늘 우리는 하나님 앞에서 조심해야 할 때는 조심해야 합니다. 언제까지나 억지부리고 떼를 쓸 수는 없는 노릇이지요.

얼마나 모세가 가나안 땅에 들어가고 싶어했는지 모세는 가나안 땅이 보이는 느보산에 올라가서 한없이 울며 하나님께 매달렸습니다.

섬기는 자의 표본 ＊ 여호수아

"구하옵나니 나로 건너가게 하사 요단 저편에 있는 아름다운 땅 아름다운 산과 레바논을 보게 하옵소서."(신명기 3:25)

제가 느보산에 올라가 보니 저 멀리 가나안 땅의 여리고가 보였는데, 푸른 종려나무 숲과 어우러져 얼마나 아름다웠는지 탄성이 저절로 나왔습니다. 그래서 "야, 과연 젖과 꿀이 흐르는 땅이라고 부를 만하구나"라고 생각했습니다. 바로 이 자리에서 모세가 저쪽 여리고를 바라보며 "건너가게 하소서! 건너가게 하소서!"하고 하나님께 졸랐다고 생각하니 감회가 새로웠습니다. 충분히 모세의 심정을 이해할 것만 같았습니다.

그곳에는 모세를 기념하는 기념관과 모세가 광야에서 놋뱀을 만든 것을 기념하는 청동으로 만든 높다란 놋뱀 모형이 있습니다. 그 놋뱀 모형의 아랫부분에는 다음과 같은 말씀을 새겨 놓았습니다 :

"모세가 광야에서 뱀을 든 것같이 인자도 들려야 하리니, 이는 저를 믿는 자마다 영생을 얻게 하려 하심이라."(요한복음 3:14-15)

여리고성 전투

너무나 잘 알려진 여리고성의 함락사건. 그래서 뻔하고 식상한 내용으로 이미 선입관이 박혀 있는 여리고성 전투. 그렇지만 오늘 우리는 조금 새로운 각도에서 이 전투를 살펴보게 될 것입니다. 아마 재미있게 이 부분을 보시게 될 것입니다.

그토록 가고 싶어했던 가나안 땅에서 맨 먼저 이스라엘 백성을 가로막는 장애물은 요단강이었습니다. 요단강! 찬송가 291장, "며칠 후 며칠 후 요단강 건너가 만나리"에 익숙해진 우리 머리 속에는 요단강이라고 하면 마치 죽음을 연상하는 선입관이 있지만, 사실 이 강은 이스라엘에 있어서 생명의 강이요 젖줄입니다.

현지에 가보면 참으로 실망하게 됩니다. 대략 폭이 20미터밖에 안 되는 아주 작은 강입니다. 하지만 헬몬 산에서 일년 내내 녹는 눈이 항상 촉촉이 강을 적셔 주고 있습니다. 일대의 황무지에서 유일하게 사해까지 이어지는, 그야말로 농사를 가능하게 하는 생명의 강인 것입니다.

이스라엘 백성들은 약속의 땅에 들어가기 전에 하나님의 말씀에 따라 3일에 걸쳐 성결의식을 베풀게 됩니다. 천국을 상징하는 가나안 땅에 들어가기 전에 먼저 성결할 것을 하나님은 원하셨던 것입니다.

그리고 이제 요단강을 건넙니다. 여호수아 3장 17절에 나온 말씀처럼, 때마침 물이 철철 넘치는 요단강에 하나님이 역사하십니다. 요단강이 마른 땅으로 변하여 백성들이 쉽게 강을 건너게 됩니다. 이는 마치 모세 앞에 놓여진 홍해가 갈라져서 마른 땅으로 백성들이 건넌 것과 같은 것이었습니다. 저는 이 장면을 서로 비교하면서 이런 생각을 했습니다. 홍해의 기적은 하나님이 우리를 구원하시는 사건이며, 요단강의 기적은 오직 하나님만이 천국 가는 길을 주관하실 수 있음을 보여 주는 사건이라고 말입니다.

여호수아는 백성을 여리고성에서 북서쪽으로 약 2.5킬로미터 떨어진 길갈이란 곳에 끌고 가서 그곳에서 유숙시켰습니다. 그리고 길갈을 가나안 땅 정복을 위한 기지로 삼고 휴식을 취하면서 곧 있을 여리고 성 공격을 위한 준비를 갖추고 있었습니다.

그런데 하나님이 여호수아 앞에 나타나셔서 이스라엘 백성들에게 할례의식을 행하라고 명령하셨습니다. 아니? 바로 눈앞에 막강한 적이 있는데 할례의식이라니? 여러분, 할례가 무엇입니까? 양피를 생으로 벗기는 것입니다. 얼마나 아픈지 안 해본 사람은 모릅니다. 여자들은 그런 면에서 얼마나 행복한 사람들인지요. 뭐라고요? 애기 낳아 봤냐고요? 그만 합시다. 또 졌네.

할례란 히브리어로 ‘브릿트 밀라’라고 하는데 브릿트란 계약이란 뜻이며, 밀라는 남자 성기의 귀두 위에 덮여 있는 표피를 제거하는 것을 말합니다. 이스라엘에서는 남자아이는 태어난 지 8일 만에 무조건 할례를 받습니다. 막 태어난 아이가 출혈을 할 경우, 피가 응고되는 데 필요한 비타민 K가 충분히 생산되기까지 간이 발육되는 데는 생후 7일이 걸린다고 합니다. 그래서 생후 8일 만에 할례를 행하는 것은 매우 합리적이고 과학적입니다. 오늘날 이스라엘에서 여자들은 태어난 지 한 달 후에 아버지에게 예배 시간에 성경을 봉독할 수 있는 기회를 부여받게 되는데, 이것으로써 할례를 대신하고 있습니다. 그런데 여호수아 당시에 여자들은 어떻게 할례를 했는지 저도 궁금해서 잠이 오질 않습니다.

어쨌든 여호수아는 뒷일은 하나님께 맡기고 무조건 순종하여 모든 남자들에게 할례를 행하였습니다. 할례는 날카로운 부싯돌로 만든 칼로 행하는 데 얼마나 아팠을까요? 그렇지만 그저 시키면 시키는 대로 했습니다. 하나님한테 이러쿵저러쿵 이유가 있을 수 없었지요. 그게 여호수아라는 사람이었습니다. 그래서 모세도 하나님도 여호수아를 참 예뻐하셨지요.

자, 여호수아가 이제 여리고에 가까이 가보았습니다. 그런데 갑자기 앞에 칼을 든 자가 짠 하면서 나타납니다. 여호수아가 깜짝 놀라 “너

여호와 닛시!

는 우리를 위하느냐, 우리의 대적을 위하느냐?"(여호수아 5:13)라고 물었습니다. 그러자 그 사람은 "아니다. 나는 여호와의 군대장관으로 이제 왔느니라"라고 대답했습니다. 여기서 여호와의 군대장관이라는 용어는 이 부분과 다니엘서에만 기록되어 있는 독특한 명칭입니다. 여기서 우리가 주목해야 할 것은, 이 여호와의 군대장관은 단지 여호수아를 도와주기 위해서 온 것이 아니라 직접 싸우려고 왔다는 것입니다. 하나님은 사람들에게 단지 도움을 주는 조력자(helper)가 아니십니다. 모든 것을 결정하고 주도하시는 주인(Lord)이십니다.

이 장면을 보면서 앞으로 벌어질 여리고성 전투의 실질적인 사령관은 여호수아가 아니라 바로 하나님의 군대장관이란 것을 명백히 알아야 합니다. 그래야 비로소 기적과 같은 여리고성 함락비밀에 대해 이해할 수 있게 됩니다. 결국 가나안 땅에서의 첫 싸움에서도 여호수아는 이인자의 자리로 밀려난 것입니다. 팔자가 그런 걸 어찌합니까?

여러분, 우리는 여기서 또다시 감사해야 할 이유가 있습니다. 우리의 하나님은 우리가 어려움에 처해 있을 때 그냥 혼자 두시는 분이 아닙니다. 반드시 우리를 도와주십니다. 아니 도와주시는 정도가 아니라 아예 우리들을 이끌고 나가십니다. 여호와의 군대장관이 여호수아를 도와 주려고 온 것이 아니라 전쟁을 총지휘하려고 온 것처럼, 하나님도 우리의 삶 전체를 총지휘하고 계심을 알아야 합니다. 내가 삶의 중심이 아니라 하나님이 중심이신 것입니다. 내가 중심이 되면 실패할 수밖에 없지만, 하나님이 중심이 되시면 승리합니다.

여러분, 아직도 여러분이 중심이 되고자 고집하고 있습니까? 손해봅니다. 중심자리를 하나님께 양보하십시오. 그게 인생을 성공적으로 사는 비결입니다. 꼭 새겨 들으십시오.

97

섬기는 자의 표본 * 여호수아

그리고 여호수아 앞에 나타난 하나님의 사자는 여호수아에게 신을
벗으라고 명령했습니다. 물론 여호수아는 그대로 순종했습니다. 신을
벗는 다는 것은 무엇을 뜻합니까? 그렇습니다. 이제부터 모든 출입을
당신께 맡긴다는 뜻입니다. 신이 없이 어디로 다닌단 말입니까? 또한
신을 벗는다는 것은 내 방식을 완전히 포기한다는 뜻입니다. 그저 하
나님 뜻대로 하시라고 하는 항복의 고백입니다. 그리고 하나님의 거
룩하신 존전에 세상의 온갖 오물이 묻은 더러운 신을 신고 있을 수
없지요.

그래서 시내산에서의 모세와 같이 여호수아도 거룩한 곳에서 신을
벗어야 했습니다. 우리도 하나님 앞에 신을 벗어야 합니다. 내 방식대
로 내가 중심이 되어 살아가는 모든 세상적인 신을 과감히 벗어 던져
버려야 합니다.

무너진 성벽

그 날 하나님께서는 직접 여호수아에게 여리고성에 대한 구체적인
공격방법을 명령하셨습니다. 여호수아 6장 3절부터 이 말씀이 나옵니
다. 여호수아는 하나님의 명령대로 순종하여 그대로 했습니다. 우선
간단히 그 때 상황을 알아보겠습니다 :

"모든 군사는 성을 둘러 성 주위를 매일 한 번씩 돌되 엿새 동
안 그리하라. 제사장 일곱은 일곱 양각나팔을 잡고 언약궤 앞에서
행할 것이요, 제칠일에는 성을 일곱 번 돌며 제사장들은 나팔을
불 것이며, 제사장들이 양각나팔을 길게 울려 불어서 그 나팔소리

가 너희에게 들릴 때에는 백성은 다 큰 소리로 외쳐 부를 것이라.
그리하면 그 성벽이 무너져 내리리니 백성은 각기 앞으로 올라갈
지니라."

이스라엘 백성들은 여호수아가 지시한 대로 대형을 만들어 첫날에
여리고 성을 한 바퀴 돌고 다시 진으로 돌아 왔습니다. 다음날도 똑같
이 한 바퀴 돌고 다시 진으로 돌아 왔습니다. 셋째 날도 똑같이 했습니
다. 넷째 날, 다섯째 날, 여섯째 날도 그렇게 했습니다.

드디어 일곱째 날, 이 날은 성을 일곱 번을 돌게 한 후, 여호수아는
제사장들이 나팔을 불 때에 백성들에게 이르기를 외치라고 했습니다.
이에 제사장들이 나팔을 불자 백성들이 크게 소리질러 외치니 여리고
의 성벽이 무너져 내렸습니다. 그리하여 성안으로 들어가서 성중에 있
는 자들을 모두 멸하였는데, 여러분도 잘 아시다시피 정탐군을 숨겨
주었던 라합의 집만은 보존하였습니다.

자, 여러분, 이제부터 몇 가지를 따져 보기로 하겠습니다. 저는 이
여리고성 함락에 대해 너무나 궁금하여서 현장에 가자마자 무너진 성
벽 주위를 서성였습니다. 오랜 시간을 투자해서 나름대로 연구해 보았
습니다. 여리고성은 고고학자들의 말을 빌리면, 세계에서 가장 오래된
도시성읍 중에 하나입니다. 약 9000년에서 11000년 전에 세워진 성
읍이라고 합니다.

이 옛 여리고성터에는 여호수아 당시 무너졌다고 하는 벽채를 볼 수
있습니다. 현장에는 고고학자 가스탱 일행이 연구한 흔적으로 생각되
는 작은 팻말들이 여러 군데 꽂혀 있었습니다. 가스탱은 이 당시 여리
고성이 무너진 이유를 강력한 지진에 의해서였다고 주장했습니다. 여
리고성은 외벽의 두께가 2미터, 내벽의 두께가 4미터, 높이는 10미터

섬기는 자의 표본 * 여호수아

정도로서 평탄치 못한 기초 위에 두께 10센티미터, 길이 30에서 60센티미터의 진흙 벽돌로 만들어졌습니다. 지진의 흔적이라고 추정되는 여러 조각들이 발견되었습니다. 식량이 가득하게 담긴 불탄 항아리가 발견되어, 어떤 강력한 지질 변화에 의해서 이 성벽이 불타 무너져 내린 것으로 그들은 판단했습니다. 저는 어떤 면에서는 공감을 했습니다. 하나님은 우박이나 우레와 같은 자연적인 현상을 많이 이용하셔서 심판을 하셨으니까요.

그런데 저는 계속 의문이 생겼습니다. 과연 그러했을까? 만일 지진으로 성벽이 무너졌다고 한다면, 하필 성벽만 고스란히 무너지고 성안은 어떻게 보존되었을까? 성경에 보면 분명히 성벽만 무너졌다고 되어 있습니다(여호수아 6:20). 여러분, 그렇지 않습니까? 그리고 실제로 고고학자들이 밝혀 놓은 결과도 여리고성은 성벽이 두 개로 되어 있는데 외벽이 먼저 무너져 내렸다고 했습니다.

그래서 저는 나름대로 결론을 내었습니다. 이것은 누가 어떻게 이 모양 저 모양으로 그럴듯하게 꿰어 맞추어 설명한다고 해도 설명이 불가능한 것이라고. 오직 하나님이 하나님의 방법대로 성벽을 무너뜨리셨다고. 그리고 지진이니 우레니 우박이니 하는 말도 이 장면에서는 단 한 번도 나오지 않습니다. 후일 기브온 전투에서나 다른 전투에서 하나님이 자연적인 현상을 이용하실 때는 반드시 그 종류들이 명시되고 있습니다. 그런데 여리고 전투에서만은 어떤 자연현상도 기록되지 않습니다. 분명히 그냥 무너져 버린 것이지요.

여러분, 여리고성 전투 직전에 여호수아에게 나타난 하나님의 군대 장관을 기억하시지요? 그 군대장관이 함락의 열쇠입니다. 다시 말해, 하나님이 직접 역사하셔서 성벽을 일거에 무너뜨리신 것입니다. 자, 여러분, 지금부터 저는 여리고성 함락에 대하여 두 가지의 억측을 제

여호와 닛시!

시해 봅니다. 아마 그럴 듯한 얘기가 될 것 같습니다. 그냥 재미있게
봐 주세요.

공명주파수

여러분, 공명현상에 대하여 들어 보신 적이 있습니까? 성을 에워 쌓
던 백성들이 제사장들의 나팔소리에 맞춰 일제히 큰 소리로 외쳤습니
다. 그 때 어떤 공명현상이 일어나서 성벽에 금이 갔으며 드디어 금이
간 틈이 벌어지면서 벽만 와르르 무너졌을 가능성도 있지 않을까 생각
했습니다. 분명히 성안은 멀쩡했거든요. 그래서 이스라엘 백성이 무너
진 성벽을 딛고 뛰어 들어가서 성안에 있는 여리고 백성을 진멸하고,
그 때 멀쩡히 보존된 라합의 집만 살려두었지요.

저는 얼마 전 모 방송국에서 내보낸 호기심에 관련된 프로그램을
본 적이 있습니다. 테너 가수가 소리를 질러 유리컵을 깨는 실험이었
지요. 결국 사람의 목소리로는 깨지 못했습니다만, 어떤 기계음을 지
속적으로 컵의 고유주파수에 일치시켜 발생시켰더니 그만 컵이 박살
나고 말았습니다. 고유주파수끼리 서로 어우러져 공명현상을 일으킨
결과라고 합니다. 그리고 그 다음에 저는 놀라운 장면을 보게 되었는
데, 마치 금문교와 같이 매우 크고 긴 다리가 어떤 바람에 공명현상을
일으켜 마치 엿가락이 휘듯이 휘청거리다가, 결국 완전히 무너져 내리
는 것이었습니다. 이 때 해설자의 말로는 그 바람은 결코 큰 바람은
아니고 다만 다리의 흔들리는 주파수와 정확히 일치하는 바람이었다
는 것입니다.

저는 그 때 순간적으로 깨달은 것이 있었습니다. 아, 그래! 여호수

섬기는 자의 표본 * 여호수아

아가 여리고성을 함락할 때도 저런 과학적인 원리가 적용된 게 아니었을까? 제사장들이 나팔을 불고, 백성들이 그에 맞춰 큰 소리로 외칠 때 여리고성벽의 주파수와 일치하여 큰 증폭작용으로 공명되어 벽에 금이 가고 드디어 무너졌을 법도 했습니다. 여러분은 어떻습니까? 제가 지금 억지해석을 그럴듯하게 잘도 하고 있지요?

불면증에 걸린 여리고 군사

저는 또 다른 측면에서 여리고성 함락사건을 해석해 보았습니다. 물론 이것도 억지 짜 맞추기 해석이 될 수 있겠지요. 여리고성에 있는 군사들은 이스라엘 군대에 대한 소문에 얼마나 두려웠던지 "마음이 녹았고 정신을 잃었다"고 여호수아 5장 1절에 기록되어 있습니다. 그래서 잔뜩 긴장하여 이스라엘 군대가 공격해 오기를 기다리고 있었는데 의외로 이스라엘 군대가 첫날에는 그냥 한바퀴만을 돌고 돌아가 버린 것입니다. 그래서 아마 이들이 밤을 타서 몰래 성을 공격할 것으로 판단하고 밤에 잠을 자지 않고 눈을 부릅뜨고 성 아래를 지켜보았을 것입니다.

그런데 밤에는 조용하였고, 그 다음 날이 되자 또 이스라엘 군대가 와서는 그냥 한 바퀴만을 돌고 갔습니다. 이에 여리고의 백성은 더욱 긴장이 되었고, 그 날 밤에는 틀림없이 이스라엘이 기습적으로 공격할 것으로 판단하여 역시 뜬눈으로 새웠을 것입니다. 그러나 그 날 밤에도 공격하지 않자, 그 다음날에는 더욱더 긴장이 되어 피로에 지친 몸을 추스리며 아무도 성벽을 떠나지 못하였을 것입니다. "분명히 오늘밤에는 온다. 두 눈 똑바로 뜨고 아래를 지켜봐라"라고 군대장관은 엄

여호와 닛시!

명을 내렸을 것입니다.

　이렇게 하기를 여섯 날이 지나자, 여리고성의 군사들은 오랜 시간 동안의 긴장과 잠의 부족으로 지칠 대로 지쳐 아마도 파김치가 되었을 것입니다. 진짜 아닌 말로 미치고 팔짝 뛸 정도로 정신이 혼미해져 있었을 것입니다. 그런데 마지막 제칠일째가 되던 날, 이스라엘 백성은 예전과는 달리 성을 일곱 바퀴 돌았습니다. 여러분, 상상해 보십시오. 정말 이럴 즈음 여리고성의 백성은 초죽음이 되어서 눈에 허깨비가 보였을지도 모르지 않겠습니까? 분명히 한 바퀴를 돌았을 터인데, 그들의 눈에는 일곱 바퀴를 도는 것처럼 착각하였을지도 모릅니다. 틀림없이 그들의 눈이 핑핑 돌아갔을 법합니다. 정신이 몽롱해 있고 판단력이 마비되어 혼미하여졌을 이 때를 놓치지 않고 여호수아는 하나님의 명령에 따라 나팔을 길게 불고 온 백성에게 일시에 소리를 치게 하니 성이 고스란히 함락당하였던 것이지요.

　자, 어떻습니까? 그럴 듯합니까? 그러나 이러한 재미있는 시나리오는 필자의 전적인 상상력에 의한 것이며, 실제에서는 하나님의 초자연적인 능력으로 성벽만 고스란히 무너지게 되었음이 틀림없습니다. 그렇기 때문에 성의 외벽에 지어져 있었던 라합의 집은 전혀 손상을 받지 않고 온전하게 보존되었기 때문입니다. 이러한 기적은 하나님의 전적인 능력이 아니고는 불가능한 것이기 때문입니다.

이스라엘 군사의 수

　과연 몇 명 정도가 여리고성을 에워싸고 있었을까요? 저는 현장에 가보고 놀랐습니다. 생각보다 여리고성이 무척 작은 규모였기 때문입니다. 어떤 사람은 말하기를, 둘레가 약 1.6킬로미터밖에 안 된다는 것이지요. 그렇다면 성경에는 분명히 백성들이 돌았다고 되어 있습니다. 과연 250여만 명이나 되는 엄청난 수가 이 작은 여리고성을 돌았을까요? 불가능합니다. 너무 협소합니다. 그래서 저는 이렇게 따져 보았습니다.

먼저 우리는 과연 당시에 이스라엘의 무장된 군사수가 몇 명이나 되는가를 알아보아야 합니다. 이 부분에 대해서는 대부분 관심을 가지지 못하고 있는데 저는 군인이어서 그런지 몰라도 이런 문제가 매우 중요하게 부각됩니다. 과연 가나안 정복작전에 나서는 이스라엘 군사수는 몇 명이나 될까요? 250만 명? 땡! 250만 명 가운데는 노약자, 어린 아이, 병자들, 몸 못쓰는 자들이 몽땅 포함되어 있습니다. 그리고 그들 모두에게 지급할 수 있는 무기와 방패, 무장 옷도 없습니다.

자, 조금은 골치 아프시겠지만, 지금부터 숫자놀음에 들어가겠습니다. 요단강을 건넌 이스라엘 백성수는 적어도 250만 명은 되었습니다. 그러나 전쟁을 수행할 수 있는 장정수는 얼마였을까요? 민수기 26장에 보면, 2차 인구조사 과정이 기록되어 있습니다. 이 때 계수된 인구는 가나안 땅 정복을 위해 병역의무가 부과된 20세 이상의 남자였습니다. 이 숫자는 601730명이었습니다. 그런데 출애굽 제2년 2월 1일에 실시했던 1차 인구조사(민수기 1장) 결과, 20세 이상의 장정은 603550명이었습니다. 무려 38년이나 광야생활을 한 후에 계수된 장정수가 불과 1820명만 감소된 숫자였으니 하나님의 특별하신 도움이 있었던 것이지요.

그런데 2차 인구조사 결과, 20세 이상의 남자 60여만 명, 이들은 누구입니까? 이들은 모두 가데스바네아 정탐군 반역사건(민수기 14: 30) 당시에 20세 이하였던 자였습니다. 가데스바네아 사건 이후 당시

여호와 닛시!

20세 이상이었던 자들은 여호수아와 갈렙 외에는 모두 광야에서 죽었습니다.

결과적으로 보면, 2차 인구조사에서 나타난 20세 이상의 남자 60여만 명의 나이 분포는 가장 많은 나이가 58세(여호수아, 갈렙 제외. 가데스바네아 사건 당시 최고 나이 20세인 자를 기준＋그 이후 광야생활 약 38년)였을 것이고, 가장 어린 나이가 20세(2차 인구조사 시기에서 역산하여 20년 전에 광야에서 막 출생한 자 기준)였을 것입니다.

그래서 요단강을 건넌 이스라엘 백성들은 20세에서 58세의 나이 분포를 가졌을 것입니다. 만일 이들이 모두 여리고성 함락작전에 참가했다면 60여만 명이 되었을 것입니다. 그런데 여기서도 정예의 군사들이 있었고, 예비대 형식의 준정예 군사들도 있었을 것입니다.

요단강을 건널 때 무장한 선발대는 르우벤, 갓, 므낫세 반(半)지파 4만여 명이었습니다. 이들은 "여호와 앞에서 건너가서 싸우려고 여리고 평지에 이르니라"(여호수아 4:12-13)고 하여 용사로서의 임무를 부여받았습니다. 그리고 나머지 지파에서 선발된 후군(여호수아 6:9)이 약 16만 명이었습니다. 다시 말해, 이들을 합한 약 20만 명이 모세의 명대로(여호수아 4:12) 무장을 하고 실질적으로 전투에 참가했을 것입니다.

제가 판단하기에는, 아마 20세에서 58세의 연령으로 구성된 약 60만 명의 남자 중에서 이와 같이 각 지파에서 전투하기에 가장 합당한 나이인 20세에서 35세 정도의 남자 약 20만 명이 완전무장을 하고 정예부대를 구성했을 것으로 봅니다. 나머지 약 40만 명의 남자들은 유사시 준무장군(예비군과 같은 개념)으로서 전투에 참가하지 않았을까 생각합니다.

자, 골치 아픈 숫자놀음은 이쯤에서 끝내겠습니다. 건너뛰신 분은

●
섬기는 자의 표본＊여호수아

건너 뛴 만큼 손해를 보신 것입니다. 그러면 이러한 수를 염두에 두시고 그 당시 상황으로 돌아가겠습니다.

결론적으로, 여리고성 주위로 빙빙 돌았던 이스라엘 군사수는 이런 계산법에 의하니까, 아마 정예용사 4만 명 아니면 많아야 준군사부대 16만 명을 합하여 20만 명 정도가 아닌가 생각합니다. 사실 20만 명도 너무나 많은 숫자입니다.

나머지 약 230만 명의 백성들은 길갈에 있었거나 여리고성과는 조금 떨어진 곳에 있었을 것입니다. 그들은 노약자와 어린아이 아니면 비무장 인원이었으니까요. 그리고 이들은 그냥 가만히 있지 않고 생존의 갈림길에 서 있는 이 싸움을 위하여 중보기도를 했을 것입니다.

아마 틀림없이 싸우는 이스라엘 장병들을 위하여 쉬지 않고 한마음으로 중보기도를 했을 것입니다. 중보기도의 위력에 대해서는 이미 말씀드렸지요? 가나안 땅에 진입하여 최초의 전쟁에 부딪친 이스라엘에 있어서 이 첫전투에서 실패하면 가나안 땅의 정복은 불가능하게 보였기 때문에 모든 백성은 간절히 이들을 위하여 중보기도를 했을 것입니다. 사실 기도 외에 이들이 할 일은 없었습니다.

여리고 성벽이 무너지자, 성경에 보면 그 성을 에웠던 백성들이 그대로 성안으로 뛰어 들어가서 성안에 있는 사람들을 진멸했다고 했으니 이 에워 쌓던 백성들은 그냥 백성들이 아니라 앞에서 말한 무장한 군사들이었을 것입니다.

여러분, 이제 이해가 되십니까? 물론 처음부터 이 부분을 무심코 그냥 지나친 분들은 고민해 보지 않아서 잘 몰랐을 겁니다. 이렇게 무엇이든지 따져 보는 습관을 가지면 잃는 것보다 얻는 것이 더 많습니다. 저는 이런 식으로 따지면서, 참으로 하나님은 과학적이시며 매우 타당한 원리에 맞춰 역사를 하셨구나 하는 것을 많이 느낍니다.

순종했던 백성

저는 여리고성 함락사건을 보면서 새삼스럽게 발견한 것이 있습니다. 곧 이스라엘 백성들의 태도입니다. 함락작전의 구체적인 방법을 직접 하나님으로부터 들었던 사람은 오직 여호수아 혼자였습니다(여호수아 6:2). 그런데도 백성들은 여호수아의 말에 조금도 의심치 않고 매우 이상한 방법으로 전투에 임했습니다. 여러분, 그 때 그 장면을 한 번 생각해 보십시오. 선발된 이스라엘 군사들이 여호수아의 명령에 따라 성을 빙빙 돕니다. 다음날도 똑같이 빙빙 돕니다. 상식적으로는 있을 수 없는 전쟁방법입니다.

여리고 성 위에서 단단히 전투준비를 하고 있던 여리고성의 군사들도 이 장면을 보면서 무척이나 이상하게 생각했을 것입니다. 사실 이런 식으로 전쟁을 할 수는 없습니다. 여섯째 날까지 계속 빙빙 도는 일이 진행되는 동안, 백성 중 누구하나도 이 행동을 멈추고 지금까지 싸워 온 방식대로 총공격할 것을 주장하지 않았습니다.

그저 묵묵히 시키는 대로 성 주위를 빙빙 돌았습니다. 여호수아에 관한 어떤 미국영화를 보니까, 이 때 도저히 견디지 못했던 족장 중 하나가 여호수아에게 화를 내면서 이런 식으로 언제까지 빙빙 돌기만 하느냐, 빨리 성벽을 타고 공격하자고 주장하는 장면이 나왔습니다. 저는 그 영화의 각본을 누가 썼는지 모르겠지만 한심한 사람이라고 생각했습니다. 분명히 백성들은 그저 묵묵히 성 주위를 돌기만 했습니다.

사실 그 당시 이스라엘 백성에게는 공성장비, 곧 성을 공격하는 데 사용하는 장비가 전혀 없었지요. 그 동안 광야에서 전쟁을 할 때에도 굳이 적진으로 쳐들어가 일부러 성곽을 공격할 필요도 없었고 그저 광야에서 맞부딪치게 되는 족속들만 상대했습니다. 이제 가나안 땅에 들어오니 비로소 잘 만들어진 견고한 성을 대하게 되었습니다.

여호수아가 가나안 땅에 들어왔을 당시에 가나안 땅에는 후기 가나안 원주민 족속인 헷, 가나안, 블레셋, 히위, 여부스, 브리스, 기르가스 등 일곱 족속들이 살고 있었습니다. 이들은 모두 자기들의 성읍을 갖고 견고하게 성을 방비하고 있었습니다. 그 중에서도 여리고성은 가나안 땅의 중심부를 지나가는 길목에 위치한 중요한 무역도시로서 난공불락이라고 할 정도로 견고하게 성을 만들어 놓았습니다. 이런 상황에서 이제 막 요단강을 건너서 길갈에 머물고 있었던 이스라엘 백성들이 언제 공성장비를 만들고 성에 대한 공격태세를 갖추었겠습니까?

또 눈여겨봐야 할 것은 그 후의 전쟁에서도 알 수 있듯이, 이스라엘은 이들 원주민 일곱 족속들과 7여 년이라는 긴 세월 동안 전쟁을 하면서 직접 성을 타고 올라가서 공격하지 않고, 그들을 성에서 밖으로 유인하여 복병으로 섬멸하는 작전을 구사합니다. 이것은 하나님이 직접 가르쳐 주신 방법이었으며, 그 방법대로 할 때 이스라엘은 항상 승리하였습니다.

자, 이제 이해가 되십니까? 아, 이스라엘 백성들이 아직도 빙빙 돌고 있네요. 어쨌든 충분히 불평도 할 수 있고 나름대로 공격이론을 펼칠 수 있는 상황인데도 불구하고, 인내하며 묵묵히 여호수아의 말에 따라 몇 날 며칠을 똑같이 빙빙 돈 이스라엘 백성들의 순종하는 마음은 우리가 크게 본받아야 될 줄 믿습니다.

믿음에는 인내가 필요한 것입니다. 어떤 경우에는 도저히 납득이 가지 않는 경우도 있습니다. 도저히 사람의 상식으로는 이해되지 않는 부분도 있습니다. 그렇지만 참고 믿어야 합니다. 그렇게 할 때 비로소 하나님이 주시는 승리의 기쁨을 맛볼 수 있습니다. 중도에서 포기하는 자에게는 이러한 상급이 없습니다. 천국 가는 그 날까지 우리는 하나

여호와 닛시!

님만 바라보고 하나님을 중심으로 빙빙 돌아야 하는 것입니다.

택하라, 섬기라

가나안 땅 정복전쟁은 여호수아에 의해 거의 7년간에 걸쳐 진행되었습니다. 하나님은 그 때마다 순종의 사람 여호수아와 함께 하셔서 승리를 가져다 주셨습니다. 그런데 이스라엘 백성들은 가나안 땅 전체를 완전하게 정복하지는 못했습니다. 그 이유는 전쟁을 모르는 후손들이 하나님께 범죄하면 그 징벌의 수단으로 하나님이 미정복 지역의 족속들을 동하게 하시어 전쟁을 일으키게 함이요, 또 하나는 하나님의 구원 사역이 아직 완전하게 종결된 것이 아니라 진행중임을 보여 주시기 위함입니다.

그러나 그 땅은 하나님이 이미 약속하신 대로 주신 땅이기도 합니다. 곧 이미(already) 시작된 것이지만, 아직 완성된 것은 아니라는 (not yet) 주제가 깔려 있는 것입니다. 조금 어렵지요?

이제 모든 정복사업을 잘 마치고 땅을 각 지파에게 골고루 나누어 준 여호수아는 그의 생애 마지막 고별인사를 하게 됩니다. 여호수아 24장에서부터 이 장면이 나옵니다. 여호수아는 백성들을 세겜에 모으고, 지금 이 시간이 있기까지 어떻게 하나님이 인도하셨는가에 대해 연설을 합니다. 그리고 아직 가나안 땅에 없어지지 않은 숱한 우상신에 대해 이스라엘 백성들이 범죄하지 말 것을 경고합니다. 그리고는 마지막으로 이렇게 외칩니다 :

"너희 섬길 자를 오늘날 택하라. 오직 나와 내 집은 여호와를

섬기겠노라!"(여호수아 24:15)

섬기는 자의 표본 여호수아는 이 말을 마치고 이틀 후에 죽게 됩니다. 그 때 나이가 110세. 평생을 섬기는 자로서, 순종하는 자로서 살다가 딤낫 세라에 장사되었습니다.

저는 어렵게 여호수아가 마지막 고별연설을 했던 세겜을 찾아갔었습니다. 축복과 저주를 명한 그리심산과 에발산에도 올라가 보았습니다. 마침 매우 심하게 부는 바람소리를 타고 여호수아가 그 밑에 있는 백성들을 향해 "너희 섬길 자를 오늘날 택하라. 오직 나와 내 집은 여호와를 섬기겠노라!"고 외치는 그 우렁찬 목소리가 들려오는 듯하여 피부에 좁쌀이 돋는 감동과 깊은 은혜에 빠졌던 기억이 납니다. 여러분! 여러분은 오늘날 택하셨습니까? 어떤 경우를 당하든지 여호와 하나님만 섬길 수 있습니까? 예, 꼭 그렇게 하시기를 부탁드립니다.

그런데 이 시간을 마치면서 꼭 여러분들에게 드리고 싶은 말씀이 있습니다. 순종의 사람 여호수아가 과연 한번도 하나님 말씀을 어긴 적이 없었습니까? 물론, 있었습니다. 그것도 큰 실수가 있었습니다. 여러분이 잘 아시는 대로, 여호수아 9장을 보면, 이스라엘이 여리고성을 함락하고 이어서 아이성을 함락하자, 이 소문을 들은 근방에 있는 기브온족이 목숨을 부지하고자 거짓말을 하면서 여호수아에게 찾아와 화친을 청하였지요?

이 때 여호수아는 하나님께 여쭈어 보지도 않고 그저 자기 앞에서 굽실거리며 아양떠는 기브온족에 대해서 일방적으로 화친을 맺습니다. 하나님은 분명히 가나안 땅에 들어가면 어느 누구와도 화친을 맺어서는 안 된다고 하셨습니다. 그것을 여호수아는 어겼습니다. 엄청난 죄를 범한 것입니다. 그런데 어떻게 되었습니까? 하나님은 이례적으로

여호와 닛시!

여호수아를 용서해 주셨습니다. 그 후 진군하는 과정에서 숱한 전쟁이 있었는데, 어느 한 전투에서도 부상을 당했다거나 죽었다고 하는 기록이 없습니다. 그리하여 마지막까지 임무를 잘 완수하고 110세의 나이로 평안히 잠들었습니다. 모세가 120세까지 살았는데, 모세보다 열살 정도는 덜 살았지만 그게 문제가 아닙니다. 여하튼 장수하여 평안히 하나님 품에 안겼습니다. 왜 하나님은 그렇게 엄청난 명령불복종죄를 저질렀던 여호수아를 특별사면해 주셨을까요? 전시에 명령불복종죄는 사형감입니다. 다른 이유는 아무리해도 찾아볼 수 없습니다.

단지 한 가지 있다면, 여호수아가 비록 한번의 중대실수를 했지만 그의 생애가 늘 겸손하고 순종하였다는 것입니다. 섬기는 이로 살았기 때문에 하나님이 이러한 사람은 비록 실수와 허물이 있을지라도 기쁘게 용서해 주신다는 것을 보여 주는 것이라 생각합니다. 하나님께 여쭈어 보지 않았지만 아마 맞을 겁니다. 맞지요, 하나님?

우리들 앞에는 수많은 여리고성들이 버티고 있습니다. 어떻게 하시겠습니까? 내 방법으로 싸워 나가시겠습니까? 이제 그럴 수는 없습니다. 내 방법으로 싸우면 실패할 수밖에 없습니다. 내 신을 벗어야 합니다. 내 방법을 버려야 합니다. 세상적인 방법으로는 될 수가 없습니다. 오직 하나님이 하셔야 합니다. 맡겨야 합니다. 맡기되 조금도 남기지 말고 모두 맡겨야 합니다. 오직 하나님만 역사하시도록 자리를 드려야 합니다. 내가 할 수 있는 것은, 여리고성을 에워싼 백성들이 그렇게 한 것처럼, 하나님을 찬양하는 것과, 끊임없이 기도하는 것과, 시간이 지나도 변치 않고 의심치 않는 믿음뿐입니다. 우리는 여리고성 전투를 보면서 이것을 배우는 것입니다. 그리고 섬기며 순종하며 사는 삶이 얼마나 귀한 것인가를 깨달으면서 다시 한번 소망을 가지는 것입니다. 여호수아처럼!

섬기는 자의 표본 ＊ 여호수아

300용사를 선발했던 하롯샘의 원경

Ⅳ. 약한 자의 표본

기드온

*

〈300용사와 미디안과의 전쟁〉

기드온, 그는 불과 300명으로 무려 135,000명을 상대하여 승리를 거두었다. 그리하여 오늘까지 '기드온의 300용사'라고 하는 전설적인 이름을 남겼다. 그렇지만 그는 이 엄청난 승리를 얻기 전에 너무나 연약한 존재로 하나님께 갖은 변명을 늘어놓았던 인물이었다. 하나님은 일부러 그런 기드온을 택하셨다. 기드온은 약한 자의 좋은 표본이 되었기 때문이었다. 하나님은 우리가 약하다고 생각하는 그 분량만큼 직접 하나님의 힘으로 채워 주시는 분이다. 이것을 알게 되면서 우리는 또다시 소망을 갖게 된다.

내가 무엇으로 이스라엘을 구원하리이까? 보소서, 나의 집은 므낫세 중에 극히 약하고 나는 내 아비 집에서 제일 작은 자니이다. (사사기 6장 15절)

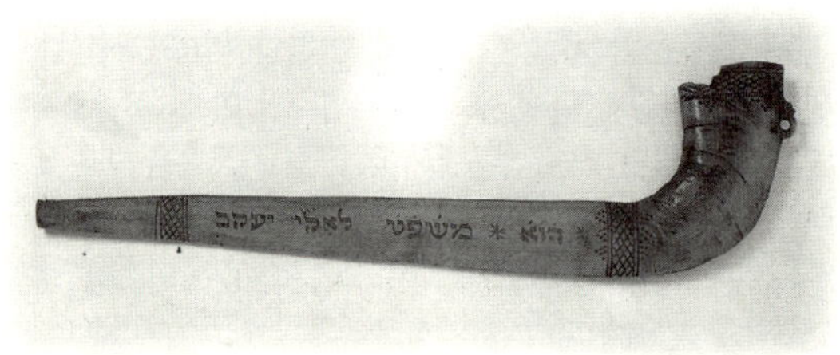

양각나팔(1681, 독일 이스라엘 박물관). 여호수아와 기드온의 전쟁 당시에 이러한 양각나팔을 불었으며 오늘날 유대교의 의식에도 쓰여지고 있다. 함성과 찬양은 이스라엘의 중요한 전쟁 수단으로 사용되어 왔다.

수영 강습

갑자기 웬 수영 강습이 나오느냐고 의아해 하실 것 같습니다. 다 이유가 있습니다. 저의 경험담을 잠깐 소개하고 기드온에 대해 애기하려합니다. 머리도 식힐 겸 부담 없이 읽어 주십시오.

저는 태어날 때부터 배꼽 밑에 작은 점이 하나 있었습니다. 그런데어떤 용하다는 분이 제게 말하기를 "너는 이 배꼽에 있는 점보다 더깊은 물에 들어가면 안 된다"는 것이었습니다. 물론 이 때는 예수님을몰랐을 때였지요. 그런 이유 때문인지 몰라도 천성적으로 물을 싫어했습니다. 먹는 물조차도 하루에 많이 마시면 한 컵을 마셨고, 국물 있는음식도 별로 내키지 않았습니다. 그래서 식사 때 보면 항상 숟가락은그대로 있고 오로지 젖가락만 사용하는 습관이 들었습니다. 그렇게 저는 성장을 했습니다. 그러다가 육군사관학교에 입교하게 되었고, 본격적으로 군인의 길을 걸었습니다. 그리고 1992년도에는 대대장 근무를하게 되었습니다.

그런데 대대장도 보통 대대장이 아니라 특공부대의 대대장이었습니다. 그래서 여러 가지 특수한 훈련을 해야 했는데, 그 중 저를 가장 곤

혹스럽게 만든 것이 바로 수영훈련이었습니다. 이제 주둔지에서 기초 훈련을 하고 곧 바다로 나가서 실제적인 전투수영을 해야 했습니다.

지금까지 그 어떤 힘든 훈련도 다 했던 제가 정말이지 물에 들어가서 하는 훈련은 죽어도 못하겠다고 생각했습니다. 그런데 이제는 더 이상 선택의 여지가 없었습니다. 제가 대대장으로서 물 속에서 대대원들을 늠름하게 지휘해야 할 위치에 있었거든요. 수단과 방법을 가리지 않고 수영을 배워야만 했습니다. 대대장으로서 최소한의 체통은 살려야 했지요. 그런데 참말로 죽을 맛이었습니다. 물에 들어가면 그대로 자물통이었습니다. 단 몇 초도 걸리지 않았습니다. 그 때까지 물 기피증이 있었던 제가 오죽 했겠습니까? 그 때 저를 본 제주도 출신의 중대장(자칭 제주도 물개)이 보다 못해서 저를 끌고 특별 개인강습 체제로 들어갔습니다. 아이고 이젠 죽었다!

그 친구가 하는 말이 무조건 물 속에서 온몸에 있는 힘을 다 빼라는 것이었습니다. 온몸에 있는 힘을 빼다니? 말도 안 되는 소리!

그런데 이 친구는 야속하게도 긴 막대기를 들고 오더니만 제가 몸에 힘이 들어갔다 싶으면 사정없이 등을 눌러 내렸습니다. 이러기를 수십 차례. 드디어 저는 온몸에 힘이 빠져서 그대로 물 속에 몸을 맡긴 채 오징어처럼 축 늘어졌습니다.

아, 그런데 이게 웬일입니까? 이럴 수가 있단 말입니까? 제 몸이 물 위에 그대로 둥둥 떠다니는 게 아닙니까? 그 때 물개 중대장이 흥분하면서 제게 하는 말이 "예, 대대장님! 바로 그겁니다. 그게 수영의 기본입니다. 물에 모든 것을 맡기고 가만히 계시면 물이 다 알아서 해줄 겁니다!"

이 순간 저는 번득 하며 무엇인가를 깨달았습니다. 그래, 바로 이것이구나! 우리가 강하다고 생각하면 하나님은 내가 강하다고 생각하는

여호와 닛시!

그 부분만큼 역사하지 않으시고, 내가 약하다고 생각하며 온몸에 힘을 빼고 이렇게 맡기면 하나님은 내가 약하다고 생각하는 그 부분만큼 내 속에서 역사하시는구나!

바로 그렇습니다. 하나님은 우리 중심을 보시고 우리가 겸손하여 약한 자리에 서면 그만큼 나머지 공간을 직접 채워 주심으로 영광을 받으시기를 즐겨하시는 분입니다. 우리가 스스로 강하다고 몸에 힘을 주면 하나님은 그 부분만큼 뒷전에 앉아 계십니다.

오늘 우리는 이런 관점에서 기드온을 연구하게 될 것입니다. 그리고 약한 우리들도 이것 때문에 새로운 소망을 가지게 될 것입니다. 참, 그날의 수영강습 이후, 저는 단 일 주일 만에 자유형으로 1킬로미터를 자유자재로 다닐 수 있는 실력으로 급격히 발전했습니다. 그 다음달에 있었던 대천 앞바다 해양훈련에서 많은 대대원들 앞에서 수영은 이렇게 하는 것이라고 큰소리칠 수 있었습니다. 그리고 분명히 말씀드리는데, 제가 그 때 들어갔던 바닷 물의 깊이는 배꼽 밑에 있는 점보다 훨씬 깊었습니다.

미디안족

기드온은 이스라엘의 사사였습니다. 사사(Judge)란 히브리어로 '쇼페트'라 부릅니다. 이스라엘에서 왕이 세워지기 이전인 이스라엘지파 연맹체 시대에 이스라엘을 위기에서 구하였던 영적 지도자들을 일컫습니다. 여호수아가 죽은 후, 약 350년 동안은 이스라엘은 정치적으로 중앙집권체제를 갖추지 못하였기 때문에 조직적인 힘을 발휘할 수 없었고, 종교적인 부패로 혼란이 거듭되었습니다.

약한자의 표본 * 기드온

이스라엘이 하나님께 범죄하면 그 벌로 이방족속들에게 마치 노예와도 같은 학대를 받았는데, 이 때 이스라엘이 회개를 하면 하나님은 이스라엘을 구원해 주시기 위해 사사를 택하여 구원의 사명을 주셨습니다. 그래서 사사기에는 열두 명의 사사와 여섯 명의 소사사가 등장합니다. 그만큼 이스라엘이 하나님 앞에 많은 죄를 지었다는 얘깁니다.

죄를 짓고, 얻어터지고, 회개하고, 구원받고, 또다시 죄를 짓고……. 이런 사이클이 바로 이스라엘이 행했던 전형적인 사이클이었는데, 이는 바로 우리의 모습과 다를 바 없습니다. 그래서 사사기를 보면 마치 우리의 모습을 그대로 보는 듯하여 부끄럽기도 하고, 또 한편으로는 그럼에도 불구하고 끝까지 인내하시면서 택하신 자를 보호하시고 인도하시는 그 넓고도 깊은 하나님의 은혜를 발견하고 감사하는 것입니다.

기드온은 이스라엘이 범죄한 결과 미디안 족들에게 7년 동안이나 혹독하게 고통을 당하는 이스라엘을 구원하도록 하나님께 택함을 받았던 사람입니다. 미디안족들은 꼭 이스라엘이 파종하는 시기만 되면 메뚜기같이 약대를 타고 달려와서 농토를 파괴하고 양이나 소나 나귀를 닥치는 대로 약탈하여 갔습니다(사사기 6:3-4).

미디안족이 누구입니까? 요셉이 형들에게 팔려갈 때 바로 미디안 상인들에 의해 팔렸습니다. 광야에서 이스라엘 백성이 음행하여 비느하스가 일어나 이스라엘 남자를 창으로 찔러 죽일 때 상대방 여자가 미디안 여인이었습니다. 모세가 동족을 죽이고 도망간 곳이 미디안이었습니다. 그의 장인 이드로도 미디안 제사장이었습니다. 그런데 그 족보를 보면 미디안족은 아브라함의 후처인 그두라의 자손입니다(창세기 25:1-4).

결국 같은 핏줄인데 후세에 와서는 이렇게 서로 싸우고 있는 것입니

여호와 닛시!

다. 이들 미디안족은 에돔의 남쪽에 본거지를 두고 유목생활을 하였고, 다른 나라를 침략할 때는 모든 가축들을 몰고 다녔습니다. 그런 이유로 이들이 침략한 지역에는 가축들이 먹어 치우는 통에 곡식과 풀조차 남아 있지 않았습니다. 미디안족은 이스라엘과 단독으로 싸울 만큼 숫자가 많지 않았기 때문에 종종 주변국가, 예를 들면 모압이나 아말렉이나 동쪽에 있는 부족들과 동맹을 맺고 이들의 힘을 빌릴 때가 많았습니다. 이들은 약대를 타고 다녔는데, 이 또한 이스라엘에게는 위협적이었습니다. 이스라엘 백성들은 이러한 미디안족이 무서워서 산으로 도망가 굴을 파고 산성을 만들어 겨우 목숨을 보존하고 있었습니다.

약한 자 기드온

이런 판국에 어찌 이스라엘 백성들이 하나님께 매달리지 않을 수 있겠습니까? 배부르고 등이 따뜻하면 우리는 너무나 쉽게 은혜를 잊어버립니다. 막상 춥고 배고파야 그 때가 좋았다는 것을 알고 후회하게 됩니다. 이스라엘 백성들은 뻔뻔스럽게도 또 하나님께 구원을 간청합니다. 어떡합니까? 하나님께서 이미 택한 민족인데 잘못했다고 버릴 수야 있겠습니까?

그러실 바엔 처음부터 택하지나 마시든지. 그래서 택함을 받았다는 것이 얼마나 귀한 것인지 모릅니다. 비록 택함을 받은 자가 살아가는 가운데 실수도 하고 죄도 짓지만, 그렇다고 하나님은 버리시지는 않습니다. 그 대신 택함받은 자들을 하나님의 사람으로 만들기 위해 반드시 매를 대십니다. 종아리를 걷게 하고 때리십니다. 그래도 정신 못 차리면 정신 차릴 때까지 나무에 거꾸로 매달아 놓으십니다. 하나님은 기어이 택함받은 사람들을 만족할 만한 수준으로 만드시는 분이기 때문입니다.

여러분! 여러분도 다 이스라엘 백성들과 같이 이미 하나님께 택함받은 사람들입니다. 그래서 하나님이 여러분에게 요구하시는 마땅한 수준이 있습니다. 만일 그 수준에 이르지 못하면, 처음에는 작은 회초리를 대실 것입니다. 그러다가 여러분이 계속 고집을 부리면 이제는 좀더 굵은 회초리를 대실 것입니다. 그래도 끝까지 고집을 부리면 나무에 거꾸로 매달아 놓으실 것입니다. 그래도 안 되면 얍복 나루터에서 고집센 야곱에게 그러하셨듯이, 환도뼈를 뽑으실 것입니다. 하나님께 얻어맞기 전에 빨리 제자리로 돌아오셔야 합니다. 괜히 고집부리다가 손해만 보십니다. 하나님은 반드시 우리에게 간섭하십니다. 우리는 하나님의 자녀이기 때문입니다. 하나님은 우리를 사랑하시기 때문입니다. 그래서 매맞는 것도 감사해야 합니다. 히브리서 12장 6-8절에 있는 말씀은 우리에게 그런 의미에서 큰 힘을 주고 있습니다 :

"주께서 그 사랑하시는 자를 징계하시고 그의 받으시는 아들마다 채찍질하심이니라 하였으니 너희가 참음은 징계를 받기 위함이라. 하나님이 아들과 같이 너희를 대우하시나니 어찌 아비가 징계하지 않는 아들이 있으리요, 징계는 다 받는 것이거늘 너희에게 없으면 사생자요 참 아들이 아니니라."

하나님은 변덕 많은 이스라엘 백성들의 부르짖음을 들으셨습니다. 이에 여호와의 사자가 아비에셀 사람 요아스에게 속한 오브라에 이르러 상수리나무 아래에 앉았습니다(사사기 6:11). 여호와의 사자라고 하는 말이 성경에 자주 등장하는데, 이는 하나님을 사람처럼 묘사한 말입니다.

이것을 조금 어려운 말로 말하면 '신인동형어법'(神人同形語法)이라고 합니다. 결국 이 여호와의 사자는 천사나 사람이 아니라 하나님 자신을 가리키고 있습니다. 이렇게 하나님이 직접 내려오셔서 이스라엘을 구원할 사람을 찾고 있었습니다. 그 때 마침 요아스의 아들 기드온이 미디안 사람들에게 들키지 않으려고 밀을 포도주 틀에서 타작하고 있었습니다. 포도주틀은 돌이 많은 땅이나 바위 위에 구덩이를 파서 만드는 것입니다. 이 때 기드온은 가축을 부리지 않고 미디안족에게 들키지 않으려고 막대기나 지팡이를 사용하여 몰래 타작을 하고 있었을 것입니다. 이런 나약하고 겁이 많은 기드온 앞에 여호와의 사자가 나타나서, "큰 용사여, 여호와께서 너와 함께 계시도다"라고 말합니다 (사사기 6:12). 아니, 이게 무슨 벼락맞을 일입니까? 미디안족이 무서워 눈치나 보고 벌벌 떨며 좁은 포도주틀로 타작이나 하고 있는 판에 무슨 '큰 용사'라니? 어쨌든 기드온은 황급히 대답합니다 :

> "나의 주여, 여호와께서 우리와 함께 계시면 어찌하여 이 모든 일이 우리에게 미쳤나이까?"

그리고는 마음에 있었던 그 동안의 불만을 죄다 쏟아 붓습니다. 그도 그럴 것이 옛날에는 그렇게 많은 이적을 통해 이스라엘을 구원하신 하나님이신데, 오늘날에는 도무지 그런 이적을 보이지 않으시니 이스라엘 백성들이 갖고 있던 불만처럼 기드온도 같은 불만을 가지고 있었습니다. 그래서 한바탕 퍼부었습니다.

그런데 여호와의 사자가 기드온에게 가서 미디안족으로부터 이스라엘을 구하라고 명령합니다(사사기 6:14). 기드온이 들어 보니 기가 막힙니다. 제 꼴을 누구보다도 잘 아는 기드온이 이렇게 항변합니다. 아니 변명을 합니다 :

"주여, 내가 무엇으로 이스라엘을 구원하리이까? 보소서, 나의 집은 므낫세 중에 극히 약하고 나는 내 아비집에서 제일 작은 자니이다."(사사기 6:15)

그러니까 기드온은 집안도 제일 약하고 그 집안에서도 자신이 제일 작다고 하는 것입니다. 도대체 내 주제가 이런데 어떻게 이스라엘을 구원할 수 있다는 겁니까? 그런데 또다시 여호와의 사자가 기드온에게 똑같은 말로 이스라엘을 구원할 것을 말하고, 반드시 기드온과 함께 할 것을 약속했습니다. 가만히 보니까 앞에서 말하고 있는 사람이 보통사람이 아닌 것 같았습니다.

그래서 기드온은 여호와의 사자에게 표적을 요구하는 여러 가지 시험을 합니다. 이 내용들은 생략하겠습니다. 궁금하시면 이 부분은 성경을 보십시오. 우여곡절 끝에 드디어 기드온은 자신감을 얻고 이스라엘을 구원하는 일에 들어갑니다.

하나님은 이렇게 기드온과 같이 연약한 자를 들어 쓰시기를 즐겨하시는 분이십니다. 이는 일의 결과는 인간의 능력이나 수단에 달려 있지 않고 오직 하나님께 달려 있음을 보이시기 위한 것입니다.

하나님은 스스로 강하다고 생각하는 사람에게는 역사하지 않으십니다. 그런 사람의 마음에는 하나님이 존재하시지 않을 뿐만 아니라, 하나님 또한 사람의 굳은 마음속에는 들어가기 싫어하시는 분이기 때문입니다. 아마 딱딱해서 들어가기가 불편하실 것 같습니다. 그래서 약

여호와 닛시!

하고 부들부들한 사람을 좋아하십니다. 그래야 하나님도 쉽게 그 속으로 들어가시고 마음껏 역사하시면서 영광을 받으시기 때문입니다. 여러분, 하나님을 우리 속에 끌어들이기 원하면 무엇보다도 마음을 부드럽게 하십시오. 그리고 하나님을 받아들이십시오. 하나님은 우리가 약하다고 생각하는 그 분량만큼 정확히 채워 주십니다.

기드온의 300용사

드디어 우리는 전설적인 기드온의 300용사가 나오는 전쟁에 대해 살펴보게 되었습니다. 저는 개인적으로 이 전쟁이 얼마나 신이 나는지 모릅니다. 마치 굉장하고 신기한 영화를 보는 것 같습니다. 어떻게 해서 300명으로 그 많은 적들을 상대하여 이길 수 있었을까?

군인교회에 가면 선교단체 기드온협회에서 기증한 감청색 표지의 영문대조 신약성경을 볼 수 있습니다. 그래서 성경에 있는 그 누구보다도 기드온이라는 이름은 항상 눈에 익어 온 것이었습니다. 처음에 제게는 이 기드온이라는 인물이 얼마나 위대하게 보였는지 모릅니다. 위기에 처한 조국을 구하고자 불과 300명을 이끌고 용감하게 적진으로 달려나간 기드온의 모습만 생각했지요.

그 후 제가 이 놀라운 사람 기드온에 대해 본격적으로 연구를 시작했습니다. 군인으로서, 병법가로서, 이 전쟁에 대해 비상한 관심을 갖는 것은 어쩌면 당연한 일이었습니다. 그리고 결국 그 비밀을 밝혀냈습니다. 마치 스펙터클 대작과 같은 기드온의 300용사의 전설은 그 주인공이 하나님이시요, 감독도 하나님이시요, 각본까지 하나님이 쓰신 것을!

약한자의 표본＊기드온

제가 이스라엘에 갔을 때 여리고성 전투 장소와 기드온의 300용사 전투장소가 다른 어떤 장소보다도 보고 싶었습니다. 그만큼 신기한 곳이었고 현장에서 이모저모 따져 보고 싶었던 장소였습니다. 그래서 기드온이 300용사를 선발했던 하롯샘(Harod Spring)에 갔을 때 그 감격은 실로 대단했습니다. 여기서 그 유명한 300용사가 탄생되었다니? 하롯샘은 길보아산에 있는 샘으로서 그리 큰 규모는 아닌데, 오늘날도 물이 솟아나와 멀리까지 흘러내리고 있었습니다.

당시 기드온은 자원한 수많은 백성들을 모아 이 곳 하롯샘을 중심으로 진을 치고 미디안족과 일전을 준비하고 있었습니다. 그런데 그 날 하나님이 기드온에게 나타나셔서 좇은 백성이 너무 많으니 누구든지 두려워 떠는 자는 모두 돌려보내라고 지시하셨습니다. 그래서 기드온은 막상 적을 바로 앞에 두고 두려워 떠는 자들을 추려냈는데, 그 수가 22000명이 되었습니다. 이제 남은 백성은 10000명뿐. 그런데도 하나님은 또 말씀하시기를 10000명도 많으니 다시 하롯샘으로 이들을 끌고 가서 물을 먹여 보라고 하셨습니다.

그래서 기드온은 하나님이 시키시는 대로 했습니다. 그런데 샘가에 풀어놓은 백성 중에 물을 먹는 모양이 두 가지 부류로 나누어졌습니다. 한쪽은 개가 핥는 것같이 그 혀로 물을 핥는 그룹, 다른 한쪽은 무릎을 꿇고 마시는 그룹. 그래서 하나님은 개가 핥는 것같이 물을 손으로 떠서 혀로 핥아먹는 그룹을 택하라고 하셨는데 그 수가 300명. 여기서 보는 대로 아무리 목이 말라 급히 물을 마시고 싶지만 무릎꿇어 머리를 물 속에 박지 않고 손으로 떠서 사방을 두리번거리면서 경계태세를 늦추지 않는 사람이 참 용사로서 전투에 임할 수 있는 자질이 있다는 것입니다.

기드온은 불과 300명으로 이제 눈앞에 있는 미디안족을 상대해야

여호와 닛시!

했습니다. 그런데 미디안족이 도대체 몇 명이나 되었을까요? 놀라지 마십시오. 미디안족의 동맹군까지 합하면 무려 135000명. 300명 대 135000명의 싸움이 바야흐로 전개되려 합니다. 기드온은 아무리 생각해도 기가 막힙니다. 해도해도 너무 했습니다. 그런데 하나님이 처음에 모인 백성의 수를 줄이실 때 하신 말씀이 "너를 좇은 백성이 너무 많은즉, 내가 그들의 손에 미디안 사람을 붙이지 아니하리니, 이는 이스라엘이 나를 거스려 자긍하기를 내 손이 나를 구원하였다 할까 함이니라"고 하셨습니다.

그러니까 이 싸움에서 이기게 되면 백성들 스스로 많은 수로 잘 싸워서 이긴 것으로 우쭐거릴까봐 하나님이 그나마 모인 백성의 수를 줄이셨다는 것입니다. 만일 처음 모인 백성들을 한 명도 돌려보내지 않았더라도 그 수는 32000명이었는데, 이 수로도 미디안족 135000명을 상대한다는 것은 한마디로 있을 수 없는 일입니다. 그런데도 하나님은 그것도 많다고 하시면서 기어이 300명으로 왕창 줄이셨던 것입니다. 도대체 어떻게 하시려고 이러시는 건가? 기드온은 겉으로 표시는 안 했지만, 내심 무척 불안했고 도무지 이해할 수 없었습니다. 아무리 하나님이시지만 정말 300명으로 뭘 하시겠다는 것일까?

사실 이것이 솔직한 인간의 마음입니다. 우리는 너무도 자주 눈에 보이는 것만으로 모든 것들을 판단하려 합니다. 눈에 드러나는 외형적인 조건들, 돈, 학식, 간판……. 이런 것이 많으면 대단한 것처럼 생각하고, 이런 것이 적으면 시시하게 생각합니다. 이런 것이 많으면 자신이 있고, 이런 것이 적으면 힘이 빠집니다. 그러나 정말 중요한 것은 이런 외형적인 조건들이 아닙니다. 누가 그와 함께 하는가 하는 것이 가장 중요합니다. 모든 것을 가지고 계시는 하나님이 함께 하시면 이보다 더 큰 힘이 어디에 있겠습니까? 기드온은 아직 그 수준까지는 가지 못했습니다. 평범한 우리들처럼. 그래서 불안했습니다.

그런데 하나님은 기드온의 이 불안한 마음을 아시고 부하인 부라를 데리고 미디안족이 진을 치고 있는 모레산에 몰래 들어가 보라고 말씀하셨습니다. 켕기는 마음을 가지고 부라와 함께 몰래 적진에 들어가 보니, 아니 그 골짜기에는 미디안족뿐만 아니라 이들과 동맹한 아말렉족 그리고 동방의 모든 사람들이 마치 메뚜기 떼와 같이, 해변의 모래 같이, 엄청난 수로 진을 치고 있는 게 아닌가! 세상에 이럴 수가?

사실 기드온은 적이 이만큼 많을 줄은 상상도 못했을 것입니다. 제가 성경을 보면서 따지니까 135000명이라는 것을 알았지, 당시 기드온은 저처럼 따져볼 수도 없는 노릇이었을 것입니다. 어쨌든 많기는 많을 것이라고 막연히 생각했을 것인데, 이 정도로 많은 수를 보고는 정말 깜짝 놀랐을 것입니다.

기드온은 또다시 온 사지가 벌벌 떨렸습니다. 아니, 하나님도 지금 장난치시는 것인가? 농담하고 계시는가? 누굴 놀리시는 건가? 정말이지, 기드온의 머리 속엔 별별 생각이 다 들었을 것입니다. 그런데 이게 웬일입니까? 적진에 있던 어떤 사람이 그 친구에게 말하기를, "꿈에 보리떡 한 덩어리가 미디안 진으로 굴러 들어와서 진을 무너뜨리고 엎드려뜨리니 전부 쓰러지더라"고 했습니다.

이 말을 들은 친구는 그것은 분명히 기드온의 칼날이며 하나님이 미디안과 그 모든 군대를 그의 손에 붙인 것이라고 대답을 했습니다. 이 말을 들은 기드온은 갑자기 불안이 싹 가시면서 적군을 통해 보여 주신 하나님을 그제야 신뢰하고 다시 진으로 돌아갔습니다.

여러분, 보리떡이 어떤 것입니까? 쌀떡도 아니고 보리떡입니다. 그야말로 싸고 천박한 떡입니다. 만들어 놓고 조금만 있으면 곧바로 식어 버리는 게 바로 보리떡입니다. 이 보리떡은 누구를 말하고 있습니

여호와 닛시 !

까? 그렇습니다. 기드온을 말하고 있습니다. 기드온은 마치 보리떡과도 같이 약하고 보잘것없는 사람입니다. 그러나, 하나님이 그 보리떡과 함께 하실 때 아무리 막강한 적이라도 일거에 무너뜨릴 수 있는 능력이 있습니다.

우리도 기드온에 비유된 보리떡과 같은 존재들입니다. 강한 척하지만 실은 너무나 약한 존재들입니다. 당장에 눈앞에 보이는 문제와 장애 때문에 벌벌 떨고 낙심하며 좌절하기를 밥먹듯 하는 우리들입니다. 그러나 기드온에게 함께 하셨던 하나님이 우리들과 함께 하심을 믿을 때, 우리도 해변의 모래같이 많은 적을 향해 300용사를 이끌고 용감히 나아가는 기드온처럼 용감해질 수 있는 것입니다.

이제 기드온은 용기 백배하여 출전을 하게 됩니다. 300명을 세 대로 나누고, 각 손에 나팔과 빈 항아리를 들리고, 항아리 안에는 횃불을 감추게 하고, 조용조용 밤을 타 적진으로 들어갑니다.

기드온은 이경 초(밤 10시무렵)에 적진에 이르렀고, 마침 불침번이 교대하는 취약한 시간을 틈타서 나팔을 불며 손에 가졌던 항아리를 부수었습니다. 동시에 다른 두 대에서도 이미 지시받은 대로 나팔을 불며 항아리를 부수고 횃불을 들고 흔들며 크게 소리를 질러댔습니다 :

"여호와와 기드온의 칼이여!"

항아리 깨지는 소리와 나팔소리와 사람들의 함성소리를 듣고 자다가 깜짝 놀라 깬 적군들은 어찌할 바를 몰라 허둥댑니다. 마침내는 달음질하고 부르짖으며 도망하기 시작합니다.

그 때 300명이 사방에서 일제히 나팔을 부니, 하나님께서 이번에는 적군끼리 서로 칼로 치고 찔러 죽이게 만드셨습니다(사사기 7:22). 그

약한자의 표본＊기드온

가운데 살아남은 적군들은 걸음아 날 살려라 하면서 도망했는데, 이것을 놓칠 새라 기드온은 끝까지 추격하여 섬멸하였습니다. 미디안의 두 방백들도 사로잡아 모조리 죽여 버렸습니다. 이 장면이 나오는 사사기 8장 10절에 보면, '칼 든 자 십이만 명이 죽었고, 그 남은 일만오천 명 가량은 그들을 좇아 거기 있더라'라고 기록되어 있습니다. 이 내용으로 보아, 미디안 족과 그의 동맹군은 그 수가 적어도 135000명은 족히 되었을 것으로 판단한 것입니다.

자, 이렇게 하여 기드온은 불과 300명으로 이 엄청난 대군 135000명을 통쾌하게 쳐부수어 오늘 우리에게 '기드온의 300용사'라는 전설적인 무용담을 남겼던 것입니다. 그런데 여기서 저는 몇 가지를 좀더 면밀하게 살펴보고자 합니다.

자중지란

확실히 이 싸움은 하나님이 직접 이끄신 싸움이었습니다. 불과 300명으로 그런 대군을 상대하여 이길 수 있는 방법은 어떤 경우든 존재하지 않습니다. 저는 이 기드온의 전쟁이 너무나 신기하여 하롯샘에서부터 약 5킬로미터 떨어진 모레산까지 기드온이 몰래 적진으로 침투해 들어간 길을 따라 걸어 보며, 어떻게 해서 이길 수 있었는가를 나름대로 면밀히 분석해 보았습니다. 역시 결론은 하나님 외에는 이 전쟁을 이기게 할 수 있는 어떤 요소도 발견하지 못했다는 것입니다.

그래도 저는 이 비밀을 풀려고 무진 애를 써 오다가, 드디어 성경을 통해서 그 비밀을 깨우쳤습니다. 다시 한번 이 장면이 기록된 사사기 7장 22절을 보시겠습니다 :

여호와 닛시!

"삼백 명이 나팔을 불 때에 여호와께서 그 온 적군으로 동무끼리 칼날로 치게 하시므로 적군이 도망하여……."

바로 이 부분입니다. 저는 여기서 기드온의 승리의 해법을 찾았습니다. 적진 안에 혼란이 일어나서 적군끼리 서로 죽이는 것, 이것이 바로 자중지란(自中之亂)! 이 자중지란이 승리의 핵심이었습니다. 하나님은 이 자중지란을 미디안족 안에 불러일으킴으로써 스스로 싸워 멸망하게 만드신 것입니다.

그런데 여러분, 왜 하나님이 기드온에게 겨우 300명만 남기고 나머지는 다 돌려보내셨는지 그 의도를 완전하게 이해하셨습니까? 물론 하나님의 말씀처럼 사람의 수가 많았으면 승리하게 될 때 하나님 때문이 아니라 자기들 사람수가 많아서 승리하게 되었다고 할까봐 그렇게 사람의 수를 완전히 줄인 것은 틀림없습니다.

그렇지만 여러분, 이번에는 이 자중지란의 관점에서 이 부분을 다시 날카롭게 뜯어 봐야 합니다. 무슨 말인가 하면, 만일 300명이 아니고 처음 모인 백성수인 32000명이 이 한밤 기습작전에 참가했다고 가정합시다.

첫째는, 은밀하게 적진으로 접근하는 데 많은 어려움이 있었을 것입니다. 어쩌면 중도에 들켜서 접근도 못하고 패배할 가능성도 있었습니다. 이 작전은 야밤을 이용하여 은밀히 적에게 접근을 해서 기습적으로 적을 공격해야 성공하는 작전인 만큼 이 접근에 실패하면 아무 것도 기대할 수 없습니다. 그렇게 볼 때 이 300명의 수는 아주 적절했습니다. 그것도 세 대로 나누어 100명씩 이동했으니 오죽 잘했겠습니까?

둘째는, 이 32000명이란 수가 다행히 적진까지 몰래 접근을 했다고

약한자의 표본＊기드온

가정합시다. 그런데 이 수는 당시 그 시간에 불침번을 서고 있었던 적병에게 즉시 발견될 수 있는 수였습니다. 그러면 계획된 작전에 큰 차질을 가져올 수 있었을 것입니다. 그리고 공격시기는 보초가 교대하는 취약시기를 택하였습니다.

셋째는, 가장 중요한 자중지란을 일으킬 수 있는 여건입니다. 만일 32000명이란 수가 고함치고 나팔불고 항아리를 깬다면 처음에는 너무나 놀라서 정신을 차리지 못해 우왕좌왕하겠지만, 곧 정신을 차려서 이 많은 이스라엘 군사 32000명을 식별하고는 바로 공격할 수 있었을 것입니다.

그런데 어떻습니까? 겨우 300명입니다. 그것도 세 대로 나누어져서 각각 100명씩, 그것도 135000명이 야숙을 하는 그 넓은 지역에 분산되어 있었습니다. 그래서 기드온이 시키는 대로 일제히 항아리를 깨고 횃불을 쳐들고 나팔을 불고 동시에 고함을 친 후 쏘옥! 숨었습니다. 이 작은 수가 어디에 숨었는지 밤에 아무것도 보이지 않습니다. 그런데 미디안족들은 자다가 놀래서 벌떡 일어나 보니 분명 무언가 큰일이 일어나긴 났는데 뚜렷하게 적은 보이지 않습니다. 아니, 보입니다. 바로 옆에 있습니다. 드디어 칼을 빼들고 옆에 있는 사람을 내리칩니다. 이제 눈앞에 움직이는 것은 다 적으로 보입니다. 이렇게 하여 서로 죽이기 시작합니다. 자중지란! 이렇게 자중지란이 일어났을 것입니다.

어떻습니까? 제가 너무 억지로 이 전쟁을 분석했는가요? 그래서 처음에 제가 결론부터 미리 말씀드리지 않았습니까? 이 전쟁은 어떤 방법으로도 설명될 수 없고 하나님이 직접 그들에게 자중지란을 일으켜서 승리를 하게 하셨다고 말입니다.

그런데 저는 여기서 또 새로운 발견을 했습니다. 자중지란의 전법은 우리 예수님이 즐겨 사용하신 방법입니다. 그게 또 웬 뚱딴지 같

여호와 닛시!

은 말이냐고요? 누가복음 11장 17절에 보면 다음과 같은 말씀이 나옵니다 :

"예수께서 저희 생각을 아시고 이르시되, 스스로 분쟁하는 나라마다 황폐하여지며 스스로 분쟁하는 집은 무너지니라. 너희 말이 내가 바알세불을 힘입어 귀신을 쫓아낸다 하니 만일 사단이 스스로 분쟁하면 저의 나라가 어떻게 서겠느냐?"

이 장면은 예수님이 당시 한 벙어리귀신 들린 자를 고쳐 주셨는데, 이를 보고 무리들이 예수님께 예수님이 귀신의 왕인 바알세불의 힘을 빌어 벙어리귀신을 쫓아냈다고 했을 때 대답하신 말씀입니다.

바로 이것입니다! 예수님의 말씀 속에 보면, "스스로 분쟁하는 나라마다 황폐하여지며" 그리고 "사단이 스스로 분쟁하면 저의 나라가 어떻게 서겠느냐"라고 하는 이 부분입니다. 이 부분이 바로 예수님이 깨우쳐 주신 자중지란의 비밀입니다. 다시 말해 적군끼리 스스로 분쟁하도록 만들고, 귀신끼리 서로 싸우게 만들면 이길 수 있다고 하는 것입니다.

그래서 제가 아는 어떤 이스라엘의 신학자는 기도할 때 "귀신들아, 너희들끼리 서로 싸우라! 분쟁하라! 망하라! 망하라!"라고 기도합니다. 이 신학자는 이러한 자중지란의 비밀을 이미 깨우치고 있었던 것입니다. 놀라운 영적 수준이 아닐 수 없습니다.

여러분, 여러분도 기도하실 때 가끔 이 방법을 사용하시길 권유드립니다. 기도가 잘 안되고 뭔가 자꾸 방해받을 때 자중지란의 방법으로 기도하십시오. 틀림없이 유익하실 것입니다.

이 자중지란에 대해서 하나의 예를 더 들어 보겠습니다. 여러분도

약한자의 표본 ＊ 기드온

잘 아시는 유다왕 여호사밧의 기사입니다. 역대하 20장부터 보면, 암몬과 모압과 세일산의 사람들이 동맹하여 사해를 가로질러 유다를 침공하는 장면이 나옵니다. 풍전등화의 위기 속에서 하나님을 잘 섬기는 유다왕 여호사밧은 온 백성들에게 금식을 선포하고 하나님께 매달립니다. 그리고는 찬양대를 조직하여 전쟁이 시작되는 날 적군들 앞에서 "여호와께 감사하세! 그 자비하심이 영원하시도다!"라고 찬양하게 했습니다. 그리고 동시에 복병으로 이들 적군들을 쳤습니다. 그런데 놀라운 일이 벌어졌습니다. 갑자기 암몬과 모압 자손이 일어나 같은 편인 세일산 거민을 쳐서 진멸하고, 이번에는 서로 쳐서 피차에 살육하였습니다(역대하 20:23). 결국 모두 진멸되었고, 이를 본 유다 백성들은 전리품만 챙기는 데 무려 3일이 걸렸다고 기록되어 있습니다.

여러분! 이게 바로 놀라운 자중지란의 전법입니다. 하나님이 사용하시는 아주 강력한 방법이지요. 여기에 걸려들면 어떤 것도 살아남지 못합니다. 스스로 분쟁하도록 하는 것! 참 놀라운 영적 비밀이 있습니다. 물론 이 전쟁에서는 찬양대의 위력도 한몫 단단히 했지요.

영적으로 보면, 찬양은 마치 전쟁터에서 장거리 미사일이나 전폭기와도 같습니다. 전쟁의 순서를 보면, 보병들이 적진에 들어가기 전에 미리 이들이 쏜살같이 날아가서 적진을 무력화시킨 후에 보병들이 들어갑니다. 찬양도 이와 같아서 영적 전쟁터에서 먼저 찬양으로 하늘의 악한 영들을 결박한 후에 기도로써 완전히 섬멸을 하는 것입니다. 그래서 여러분, 찬양을 생활화하시길 바랍니다. 그것도 힘차게 부르시길 바랍니다. 찬양은 어떤 무기보다도 강력한 무기입니다. 마음에 실망이 오거나 역경에 처할 때마다 찬양을 불러 새 힘을 얻으시기 바랍니다.

여호와 닛시!

오직 하나님

　기왕에 여호사밧에 대한 얘기가 나왔으니 조금 더 보시겠습니다. 우리는 여호사밧을 통해서 나라가 위기에 처했을 경우에 어떻게 처신해야 하는가를 잘 배울 수 있습니다. 여호사밧은 그 절박한 위기 속에서 결코 세상적인 방법에 의지하지 않고 오직 하나님만 바라보았습니다. 어떤 동맹국이나 정치적인 방법을 모색하지 않았습니다. 하나님께만 매달렸습니다. 역대하 19장 3절과 20장 12절에 보면 이런 기록이 있습니다 :

　　"마음을 오로지하여 하나님을 찾음이니이다 …… 우리를 치러 오는 이 큰 무리를 우리가 대적할 능력이 없고 어떻게 할 줄도 알지 못하옵고 오직 주만 바라보나이다."

　그리고 그는 온 백성과 함께 간구했습니다. 역대하 20장 3절에 보면 "여호사밧이 두려워하여 여호와께로 낯을 향하여 간구하고 온 유다 백성에게 금식하라 공포하매"라고 기록되어 있습니다. 이처럼 여호사밧은 나라의 위기 앞에 모든 백성들로 하여금 한마음이 되어 공동으로 이를 대처해 나가도록 독려했습니다. 그리고 그는 자신의 무력함을 알고 겸손하게 하나님께 도움을 청했습니다. 아까 보신 12절에도 나와 있듯이, "우리가 대적할 능력이 없고"라는 고백을 하면서 오직 이 위기는 하나님만이 해결하실 수 있음을 명백히 했습니다. 솔직하게 자신의 약한 모습을 드러낼 때 하나님은 그 비워진 자리에 들어오셔서 그만큼 직접 역사하시는 것입니다. 스스로 강하다고 자만하는 사람들의 굳은 마음속에는 하나님은 파고 들어가실 공간이 없는 것입니다.

●
약한자의 표본 * 기드온

여러분! 약한 자의 하나님이신 줄 믿으시길 바랍니다. 여호사밧은 왕의 체통이고 뭐고 다 버리고, 솔직하게 있는 그대로 하나님 앞에 무릎꿇었습니다. 이것이 나라가 위기에 처했을 때 우리가 여호사밧에게서 배울 수 있는 승리의 비결입니다.

여러분, 다시 기드온의 300용사로 돌아가서 한 가지 더 짚고 넘어가겠습니다. 저는 이 전쟁을 기드온의 입장이 아닌 300용사의 입장에서 한번 봤습니다. 제가 볼 때, 이 300명의 용사야말로 정말 대단한 믿음의 소유자들입니다. 기드온이야 이미 수차례나 하나님의 사자를 만났고 그에게로부터 여러 차례의 표징도 봤던 사람입니다.

그런데 300명의 용사들은 그러한 과정도 없이 그저 기드온의 말만 들었던 사람들입니다. 그들과 싸워야 할 적은 적어도 10만명 이상이나 되는 초특급 대군들입니다. 그런데도 얼마만큼 용감했으면 그러한 적진을 향해서 갈 수 있었을까요? 당시 이스라엘 백성들은 기드온이 여호와의 사자에게 했듯이, 하나님이 옛날처럼 이적을 보여 주시지 않는다고 불평을 하고 있었습니다. 300명의 용사는 불평하는 백성 중에 뽑힌 자들이었습니다. 저는 이들 300용사를 생각하면, 참으로 놀라운 사람들이라는 감탄을 지울 수 없습니다. 물론 최초 32000명 가운데 뽑고 뽑은 사람들임은 틀림없습니다만. 그들은 틀림없이 죽음을 각오했을 것입니다. 300명으로 135000명을 상대하러 적의 소굴로 들어가는데 살아남기를 기대할 사람이 과연 있었겠습니까? 300명의 결사대! 예, 그게 올바른 표현일 것입니다.

그런데 여러분, 그 용감했던 300명 중에 성경에 어느 한 명이라도 이름이 밝혀져 있는 사람이 있습니까? 없습니다. 그들은 정녕 이름도 없이 빛도 없이 하나님이 지워 주신 사명을 죽음으로 감당했던 사람들입니다. 참으로 본받을 만한 사람들입니다.

우리들은 통상 어떤 일을 이룬 대표되는 사람의 이름만을 기억하게 됩니다. 또한 역사나 성경에서도 그 일을 이룬 대표들의 이름만 찬란히 빛나고 있는 것을 봅니다. 실상은 그 대표도 중요하겠지만 숨어서 땀흘리고 피를 흘린 이런 사람들의 헌신을 기억해야 합니다.

저는 얼마 전에 톰 행크스가 주연한 미국영화 '라이언 일병 구하기'라는 감동적인 전쟁영화를 본 적 있습니다. 첫장면이 시작되면서 유명한 2차대전 당시의 노르만디상륙작전이 나왔습니다. 그 때 상륙하는 도중 해변가에서 무수히 많은 병사들이 적군의 총알받이가 되어 차마 눈뜨고는 볼 수 없을 비참한 모습으로 죽어 가는 장면을 보았습니다. 저러한 병사들의 죽음을 팔아서 멀리 안전지대에서 커피를 마시면서 높은 양반들은 훈장을 타고 이름까지 후세에 찬란히 남기고 있구나라는 생각을 하면서 아주 씁쓸한 기분을 맛보았습니다.

이름을 남기지 않는 병사들은 총알이 빗발처럼 쏟아지는 전장에서 제 한 몸을 던져 주어진 사명을 잘 감당하고 국군묘지에 좌우 열을 지어 누워 있습니다. 그들이야말로 진정한 애국자가 아닌가 생각했습니다. 썩는 밀알만이 열매를 거둘 수 있는 것입니다. 그들이 있기 때문에 그래도 이 사회는 소망이 있습니다.

기드온의 300용사들은 비록 이름을 남기지 않았지만 그들의 놀라운 무용담은 오늘날까지 우리들 가슴속에 아름답게 살아 있습니다. 물론 300용사들을 하나님께서 특별히 보호하셔서 135000명을 상대하여 승리를 거두고도 한 명도 죽거나 다쳤다고 하는 기록을 성경에서 찾을 수 없습니다. 이것도 생각하면 사실 놀라운 기록이 아닐 수 없습니다.

저는 이름이 밖으로 드러나 사람들에게 칭송을 받는 인물보다도 이렇게 이름 없는 사람들의 헌신적인 행동에 더 존경심을 갖습니다. 아마 틀림없이 여러분도 저와 같으실 것입니다.

약한자의 표본 * 기드온

저는 미국 캔사스주에 있는 지휘참모대학이라고 하는 군사학교에 교환교수로 3년간 근무를 한 적이 있습니다. 그곳에는 미국 외에 79개국에서 소령 또는 중령급 장교들이 와서 공부를 하고 있습니다. 그런데 참 재미있는 것은 어떤 공식적인 파티를 할 때 그들이 입고 오는 복장입니다. 미국과 같은 큰 나라 장교들의 복장은 단조로우면서 멋이 있습니다.

그런데 공통적인 것은, 이름도 듣지 못한 아주 작고 가난한 나라에서 온 장교들의 복장은 왜 그리 울긋불긋하고 화려하며 온몸에 치렁치렁 별것 다 붙이고 있는지요. 마치 북한군 장교들을 텔레비전에서 보면 그 훈장 하나가 주먹 두 개보다 커서 열 개 정도가 앞가슴뿐만 아니라 바지에 이르도록 치렁치렁 달려 있는 우스꽝스런 모습과도 같았습니다. 정말 촌스러웠지요.

여러분, 속이 비면 빌수록 겉을 번지르르하게 포장함으로써 비어 있는 속을 채우려는 습성이 사람에게는 있나 봅니다. 못 생긴 여자일수록 비싼 화장품을 사용하고 온갖 싸구려 보석으로 몸을 치렁치렁 두르는 것이지요. 정말 많이 배우고 수양되며 꽉 찬 사람은 겉으로는 오히려 꾸밈도 없고 말도 더듬는 듯하며 꼭 바보같이 보이기도 합니다. 그리고 굳이 자신을 알아 달라고 남에게 내세우는 법도 없지요. 그럴 필요가 없기 때문입니다. 이런 분들은 자신을 밖으로 드러내기보다 내면의 깊이를 더하는 데 관심을 두지요. 그래서 조용합니다.

교회에서도 보면, 정말 믿음의 깊이가 있는 분들은 조용하고 남을 이해하며 목사님께 절대 순종하고 남의 유익을 구하기에 힘을 씁니다. 어떻게 보면 교회에 있는 둥 없는 둥 할 때도 있지요. 이런 분들은 겉으로는 드러내지 않더라도 숨어서 이름 없이 빛도 없이 얼마나 큰 일을 하는지 모릅니다. 가끔 목사님도 모르실 때도 있습니다. 오직 하나

여호와 닛시!

님만이 아시는 경우가 허다하지요. 참 믿음은 이런 것입니다.

반면에 설익은 믿음을 가진 분들은 마치 자기 자신만이 하나님께로 부터 택함을 받고 혼자 온갖 은혜를 받은 양 교회를 휘젓고 다닙니다. 자기가 아니면 교회가 쓰러진다고 착각합니다. 그래서 이 일 저 일 간섭하지 않는 것이 없고 목소리가 커도 보통 큰 게 아닙니다. 여러분, 교회에서 목소리 큰 분 치고 제대로 된 분이 없음을 아셔야 합니다. 이런 분들은 믿음이 연약한 많은 교인들에게 시험거리를 가져다 주기 일쑤이지요. 교회에서 목소리 크신 분들에게 부탁합니다. 이 말을 세 번만 그 큰 목소리로 따라 해주세요. "빈 수레가 요란하다. 빈 수레가 요란하다. 빈 수레가 요란하다."

제가 기드온의 300용사를 얘기하다가 정말 삼천포로 빠져 버렸습니다. 그렇지만 전혀 연관이 없는 것은 아니지요? 겉으로 이름이 찬란히 드러나는 사람들보다 비록 이름은 드러나지 않을지라도 숨은 곳에서 주어진 일을 묵묵히 수행하는 사람들이 참으로 귀하다는 것을 말씀드리기 위해서 이렇게 옆으로 한참 빠져 버렸습니다.

지금도 우리 사회에는 이런 이름 없는 300용사와 같은 사람들이 많이 있습니다. 그들은 굳이 자신들의 이름을 밝히기를 거부하면서 주님의 이름으로 헐벗고 굶주리는 사람들을 입히고 먹입니다. 어쩌면 대표되는 사람의 이름은 드러날지 모르지만, 그들은 결코 자신들의 이름을 밝혀 칭송받기를 원하지 않습니다.

오른손이 하는 일을 왼손이 모르게 행하는 사람들입니다. 그들은 아마 마태복음 6장에 기록된 예수님의 말씀을 마음 깊숙이 새기고 있는 사람들일 것입니다. 1절부터 봅니다 :

"사람에게 보이려고 그들 앞에서 너희 의를 행치 않도록 주의 하라. 그렇지 아니하면 하늘에 계신 너희 아버지께 상을 얻지 못하느니라. 그러므로 구제할 때에 외식하는 자가 사람에게 영광을 얻으려고 회당과 거리에서 하는 것같이 너희 앞에 나팔을 불지 말라. 진실로 너희에게 이르노니 저희는 자기 상을 이미 받았느니라. 너는 구제할 때에 오른손의 하는 것을 왼손이 모르게 하여 네 구제함이 은밀하게 하라. 은밀한 중에 보시는 너의 아버지가 갚으시리라.”

사실 칭찬받기를 싫어하는 사람이 누가 있겠습니까? 그렇지만 세상에서 사람들에게 칭찬을 받으면 그것으로 하늘에서 있을 상급은 끝이 납니다. 이미 칭찬을 받았기 때문입니다. 과연 세상에서 칭찬을 받기 원하십니까, 아니면 하나님 앞에서 칭찬받기를 원하십니까?

“주는 것이 받는 것보다 복이 있다”(사도행전 21:35)고 했습니다. 이름도 없이 빛도 없이 주님 이름으로 봉사하며 목숨을 바치는 것은 결국 “장래에 자기를 위하여 좋은 터를 쌓아 참된 생명을 취하는 것”임을 기억하십시오(디모데전서 6:19). 얼마나 복된 삶입니까?

자, 이제 저는 이쯤에서 기드온에 대해 마무리할까 합니다. 기드온을 통해 우리가 배울 수 있는 것은 과연 하나님은 약한 자의 편을 들어 주시는 하나님이시라는 사실입니다. 비록 300명의 결사대가 그 수는 적과 비교도 안 될 정도로 적었지만, 나머지 부족한 그 큰 공간을 하나님이 직접 그 자리에 들어가 채우셨기 때문에 놀라운 승리를 남겼습니다. 그래서 사도 바울은 고린도후서 12장 9절에서 이렇게 고백하고 있는데, 참으로 진리가 아닐 수 없습니다 :

“내 은혜가 네게 족하도다. 이는 내 능력이 약한 데서 온전하여

여호와 닛시!

짐이라 하신지라. 이러므로 도리어 크게 기뻐함으로 나의 여러 약한 것들에 대하여 자랑하리니 이는 그리스도의 능력으로 내게 머물게 하려함이라. 그러므로 내가 그리스도를 위하여 약한 것들과 능욕과 궁핍과 핍박과 곤란을 기뻐하노니 이는 내가 약할 그 때에 곧 강함이니라."

우리 주변에는 오늘도 135000명이나 되는 미디안족들이 둘러싸고 우리를 좌절하게 하고 위기에 몰아넣고 있습니다. 세상적인 눈으로 이를 바라보면 좌절할 수밖에 없지만, 세상적인 방법으로 이를 해결하려고 하면 실패할 수밖에 없지만, 이제 여러분은 기드온이나 여호사밧과 같이 오직 하나님께 맡기고 하나님만 바라보십시오. 그러면 약한 자 기드온과 여호사밧에게 그리하셨듯이, 여러분의 약함을 하나님의 강함으로 채워 주실 것입니다. 이러한 하나님을 믿을 때 절망 가운데서도 새로운 소망이 싹트게 될 것입니다.

약한자의 표본 ✽ 기드온

예루살렘에 있는 다윗성의 유적

V. 실수하는 자의 표본

다윗

*

〈골리앗과의 대결〉

 말에 실수가 없는 사람은 완전한 자라고 했다 말뿐만 아니라 행동까지 실수가 없는 사람은 더 말할 나위가 없다. 그런데 과연 그것이 사람으로서 가능한 일인가? 우리는 다윗을 보면서 허물 많고 실수하는 사람일지라도 어떻게 하나님이 축복하시는가를 배울 수 있다. 오늘까지 다윗은 이스라엘에서 가장 존경받는 왕으로 살아 있으며, 세계 수억 그리스도인의 사랑을 받고 있다. 하지만 다윗의 온 생애는 시련과 역경으로 가득 찼었고, 실수와 허물로 뒤덮여져 있었다. 우리는 이러한 다윗을 보면서 오히려 소망을 가지는 것이다.

여호와의 구원하심이 칼과 창에 있지 아니함을 이 무리로 알게 하리라. 전쟁은 여호와께 속한 것인즉, 그가 너희를 우리 손에 붙이시리라. (사무엘상 17장 47절).

골리앗의 머리를 베어 든 소년 다윗의 당당한 모습(이탈이아 밀
라노대성당 외벽 부조). 골리앗을 상대로 대결을 했을 때 다윗은
기동전을 감행하였다.

골리앗

고뇌와 시련이 끊이지 않았던 다윗을 생각하기 전에 우리의 기분을 한껏 날아갈 듯 만들어 준 소년 다윗부터 살펴보도록 하겠습니다. 적어도 다윗은 왕이 되어 온갖 지저분한 실수를 하기 전까지는 그야말로 한편의 동화 속에 나오는 멋진 주인공이었습니다. 마치 피터팬과 같았고 백마를 타고 온 왕자와도 같았습니다.

여러분이 너무나 잘 아시는 다윗과 골리앗의 대결. 저는 그 현장인 엘라골짜기에 찾아가 소년 다윗이 사용했음직한 작은 돌 몇 개를 주워서 골리앗이 서 있었음직한 곳을 향해 던지면서, "전쟁은 여호와께 속한 것인즉, 그가 너희를 우리 손에 붙이시리라"하고 힘껏 외쳐 보았습니다. 실제로 엘라골짜기 주변에는 작은 돌들이 무척 많았습니다. 제가 군인이어서 그런지 몰라도, 저는 개인적으로 성경구절 중에 사무엘상 17장 47절 말씀을 아주 좋아합니다. 이 시간은 이 부분부터 간단히 살펴보시기로 합니다.

이스라엘은 긴 사사시대의 막을 내리고 사울을 초대 왕으로 삼아 왕국시대를 열었습니다. 항상 그러했듯이 주변의 끊임없는 도전으로 전쟁은 쉴 날이 없었습니다. 이러한 전쟁은 영적 차원에서 볼 때 이스라엘에서 여자의 후손 곧 메시아가 탄생되는 것을 막기 위한 사단의 공격입니다. 마치 모든 주변 나라가 이스라엘의 멸망을 위하여 존재하듯이 끊임없이 전쟁은 계속됩니다. 물론 그 전쟁은 하나님이 이스라엘이 범죄할 때 회개를 위한 징벌의 수단으로 사용하시기도 하지만, 궁극적으로는 하나님의 구원경륜과 사단의 방해책동과의 대립이라 할 수 있습니다.

그 중 블레셋은 당시 이스라엘을 괴롭혔던 대표적인 족속이었습니다. 사울의 군대는 블레셋군대의 침공을 맞아 엘라골짜기에서 대치하고 있었습니다. 블레셋군대의 대표주자 골리앗은 키가 270센티미터(히브리성경에는 3미터)나 되었고, 놋투구를 썼으며 무게가 60킬로그램이나 되는 갑옷을 입었고, 창날이 9킬로그램이나 되는 창을 손에 들었습니다. 그리고 이 골리앗은 이스라엘 군대 앞에서 큰 소리를 지르며 이스라엘에서 자기와 싸울 대표주자를 빨리 내세우라고 으르렁거렸습니다.

이런 방식의 "싸움을 돋우는 자"(사무엘상 17:4)는 고대 그리스 사람들이 즐겨 행한 것인데, 그들은 때때로 싸움을 돋우는 자의 승패여부에 따라 전쟁의 결과를 결정하기도 하였습니다. 블레셋 족속들은 그 지역에서 이주해왔기 때문에 고대 그리스 사람들의 이러한 싸움방식에 익숙해 있었습니다. 어쨌든 이 무시무시한 골리앗을 보고 이스라엘 군대에서는 겁에 질려 아무도 나서지 않았습니다. 그저 눈치나 보며 끙끙대고 있었습니다.

이럴 때 소년 다윗이 이스라엘 군대에 있던 형들에게 아버지의 심부름을 갔다가 이 광경을 보게 됩니다. 아니, 이런 썩을 놈이 있나!라고 생각했을 겁니다. 당장에 사울 왕에게 가서 저 고질라인지 골리앗인지

여호와 닛시!

하는 괴물을 요절내겠다고 합니다. 보아 하니, 작은 소년이 아닙니까? 사울 왕은 껄껄 웃었겠지요. 그런데 다윗은 굽히지 않고 자신의 목동 무용담을 늘어놓습니다 :

　　"주의 종이 아비의 양을 지킬 때에 사자나 곰이 와서 양떼에서 새끼를 움키면 내가 따라가서 그것을 치고 그 입에서 새끼를 건져 내었고, 그것이 일어나 나를 해하고자 하면 내가 그 수염을 잡고 그것을 쳐죽였었나이다."(사무엘상 17:34-35).

　여러분! 새롭게 이 부분을 잘 보십시오. 저는 그 동안 삼손만 사자를 잡은 줄로만 알았는데, 여기 보니 다윗도 사자를 잡았습니다. 그것도 소년일 때 사자의 수염을 붙들고 때려 죽였습니다. 이런 놀라운 일이 어디에 있겠습니까? 사자고 곰이고 할 것 없이 일단 다윗에게 걸렸다 하면 수염 뽑히는 것은 다반사고 그대로 늑살나게 얻어맞아 죽는다고 했습니다. 아니, 이럴 수가! 저는 다윗에게 이런 초인적인 무서운 괴력이 있었다는 사실을 새삼 발견하였습니다.
　그런데 과연 어느 정도 맞는 말인지는 사실 저도 잘 모르겠습니다. 여러분은 이 부분을 어떻게 보셨습니까? 제가 보건대, 어떻게 하든지 사울 왕에게 출전허가를 받기 위해 다윗이 약간의 과장을 섞어서 무용담을 늘어놓은 게 아닌가 생각합니다만. 어쨌든 이제 다윗은 보무도 당당히 골리앗 앞에 우뚝 섰습니다. 골리앗이 보니까 기가 막힙니다 :

　　"네가 나를 개로 여기고 막대기를 가지고 내게 나아왔느냐?"
　(사무엘상 17:43)

다윗이 막대기 하나만 달랑 들고 서 있으니 골리앗이 기도 안 차서 놀린 것입니다. 그런데 다윗이 들고 있었던 이 막대기가 무엇입니까? 예, 목동들이 사용하는 물매입니다. 이 물매의 중간부분(히브리어로 '카프켈라')은 편평하고 약간 넓어서 돌이나 자갈을 끼울 수 있게 되어 있습니다. 물매 줄의 한쪽 끝은 손이나 손목에 맬 수 있고, 다른 한쪽 끝은 물매를 돌리고 난 다음 풀려날 수 있도록 손에 쥐게 되어 있습니다.

역사가들은 물매를 이용하여 무려 1파운드(454그램)짜리의 돌까지 던질 수 있었다고 분석하고 있습니다. 물매로 돌을 던지는 경우, 대략 시속 145킬로미터(90마일)의 속도를 가지게 됩니다. 급소를 강타할 경우 치명적이 된다고 합니다. 사정거리가 약 200미터에 이르는 물매는 평소에는 가축을 지키고, 전시에는 물매부대를 이루어 적과 싸우는데 사용했다고 합니다. 이를 볼 때, 다윗이 물매를 가지고 골리앗 앞에 선 것은 당시 풍토로 보아 자연스러운 것이었습니다. 이제 다윗은 골리앗을 향해 당당히 외칩니다 :

"너는 칼과 창과 단창으로 내게 오거니와 나는 만군의 여호와의 이름 곧 네가 모욕하는 이스라엘 군대의 하나님의 이름으로 네게 가노라…… 또 여호와의 구원하심이 칼과 창에 있지 아니함을 이 무리로 알게 하리라. 전쟁은 여호와께 속한 것인즉, 그가 너희를 우리 손에 붙이시리라."(사무엘상 17:45, 47).

그런 다음, 다윗이 물매에 돌 하나를 넣어 골리앗을 향해 힘껏 돌려 던지니 그 돌이 골리앗의 이마에 정확히 박혀 땅에 거꾸러졌습니다. 이 때 다윗이 지체하지 않고 뛰어들어가서 골리앗을 발로 밟고 그의

여호와 닛시!

칼을 집에서 빼어내어 목을 댕강 베어 버렸습니다. 정말 순식간에 이 일이 일어났습니다. 사울 왕과 이스라엘 군대는 어안이 벙벙합니다. 한참 후에야 정신을 차리고 블레셋군대를 향해서 와! 하고 돌진하여 모조리 쫓아 버렸습니다.

여러분, 저는 이 장면을 보면서 그냥 신난다 하고 지나칠 수 없는 부분이 있었습니다. 다윗이 도대체 무엇을 믿고 골리앗 앞에 물매 하나에 다섯 개의 작은 돌만 가지고 설 수 있었을까요?

물론 하나님을 의지했습니다. 당연한 말입니다. 그런데 제가 말씀드리고자 하는 요점은 어떻게 해서 아직 소년이었던 다윗이 그만큼이나 하나님께 대한 믿음을 가질 수 있었는가 하는 것입니다. 여러분도 한번 저처럼 생각해 보십시오. 얼마만한 믿음이 있어야 골리앗 앞에서 죽음을 무릅쓰고 그렇게 당당히 나설 수 있느냐 하는 것입니다. 물론 다윗은 목동생활을 하며 많은 위험 속에서도 하나님이 직접 인도하시고 보호해 주고 계심을 실감나게 체험했을 것입니다.

저는 이 부분을 보면서 다윗의 믿음은 확실히 보통사람의 믿음은 아니구나라고 생각했습니다. 그래서 비록 이 정도의 믿음을 가졌던 다윗일지라도 말년에 어떤 실수와 허물 속에 살아가는가를 보는 것이 우리에게 얼마나 유익한 일인지 모른다는 것입니다.

여러분, "전쟁은 여호와께 속한 것인즉"을 히브리원본에서 보면 "이 전쟁에 여호와께서 함께 하신다"라고 하는 뜻으로 되어 있습니다. 따라서 하나님이 함께 하시는 편이 승리를 할 수 있다고 하는 의미입니다. 우리는 인생을 살면서 어려운 일을 만날 때마다 하나님이 우리와 함께 계실 수 있도록 해야 할 것입니다. 그래야 승리할 수 있습니다.

당시에 다윗이 물매로 돌을 던질 때의 행동을 보면 그냥 가만히 서서 던지지 않았고 골리앗을 향해 빨리 달리며 던졌습니다(사무엘상

실수하는자의 표본＊다윗

17:48). 이게 얼마나 어려운 동작인지 모릅니다. 가만히 서서 던지면 조준도 잘 되고 숨도 가쁘지 않아 좀더 쉬울 텐데, 다윗은 힘차게 뛰어가면서 던진 것입니다. 이건 정말이지, 보통 실력이 아닙니다. 완전히 숙달된 전문가만이 할 수 있는 빼어난 솜씨입니다. 이렇게 함으로써 골리앗으로 하여금 도저히 피할 여유를 주지 않았습니다. 언제 돌이 날아올지 모르는 상황에 몰아넣어 그대로 이마에 꽂았던 것입니다. 아마 골리앗이 이 때 곧바로 죽지 않고 기절했을 가능성도 있었습니다.

그래서 다윗은 끝마무리를 확실히 하기 위해 그대로 뛰어들어가서 칼을 빼어 목을 날린 것입니다. 대단하죠? 눈에 다윗의 그 활발한 모습이 보이지 않습니까? 저절로 박수가 터져나올 것 같지요?

여러분, 이러한 다윗의 동적이고 날렵한 행동은 우리에게 신앙적으로 좋은 교훈을 주고 있습니다. 우리 앞에 골리앗과 같은 커다란 문제가 떡 버티고 있습니까? 나를 욕되게 하고 좌절하게 합니까? 그럴 때 여러분은 가만히 앉아서 끙끙 앓지 마십시오. 용감하게 일어나십시오. 그리고 다윗처럼 하나님의 이름을 크게 부르십시오. 하나님이 내 편에 계시도록 힘껏 외치십시오. 그리고 그 자리를 박차고 일어나서 현장으로 뛰어가서 부딪치십시오. 의외로 문제에 직접 부딪치게 되면 잘 풀릴 수도 있습니다. 혼자 방안에 틀어박혀 머리 싸매고 끙끙댄다고 해서 실질적으로 더 나아지는 게 없습니다. 소년 다윗같이 물매를 준비하고 힘차게 움직여 행동하시기를 부탁합니다.

첫번째 실수

이제 우리는 이 위대하고 담대한 믿음의 소유자 다윗이 실수하고 넘

여호와 닛시!

어지는 현장으로 갈 것입니다. 지금부터는 우리도 다윗을 보면서 안도의 숨도 쉬어지고 어깨도 약간 으쓱거려질 것 같습니다. 성경에 보면, 다윗이 그 허물을 드러내는 많은 장면이 나옵니다. 저는 인간적으로 연약할 수밖에 없는 다윗의 모습을 먼저 보려고 합니다.

다윗이 엘라골짜기 전투로 백성들에게 인기가 치솟자 이를 시기한 사울왕은 수차례나 다윗을 죽이려고 했습니다. 시기심이야말로 사람을 가장 못 견디게 만드는 심성일 것입니다. 누가 자기보다 조금만 인기 있거나 잘 되면 그것을 곱게 보지 못합니다. 자기도 모르는 사이에 시기심이 속에서부터 꿈틀거립니다. 마침내는 죽이고 싶은 생각으로 발전하게 됩니다. 그래서 사촌이 땅을 사면 배가 아프다고 합니다. 사촌이 땅을 사는 것하고 나하고 무슨 관계가 있습니까? 그런데도 배가 살살 아파 옵니다. 여러분, 이런 경우에 어떻게 해야 배가 안 아플까요? 두 가지 길이 있습니다. 하나는 사촌이 산 땅보다 더 큰 땅을 사든가, 아니면 사촌이 땅을 산 뒤에 땅값이 폭락해 버리는 것입니다. 어쨌든 아직 왕이 되지 못한 시절의 다윗은 이렇게 사울왕의 죽음의 덫을 피해 몇 명의 부하들과 함께 이리저리 피해 다니며 목숨을 부지하고 있었습니다. 참으로 비참한 시절이었습니다.

어느 날 다윗이 가드로 도망하여 숨어 있었습니다. 그런데 다윗을 알아 본 가드왕 아기스의 신하가 왕에게 이 사실을 알립니다. 이 때 다윗은 큰일났다 싶어서 참으로 지저분한 행동을 하게 됩니다. 사무엘상 21장 13절에 나오는 장면입니다 :

"그들의 앞에서 그 행동을 변하여 미친 체하고 대문짝에 그적거리며 침을 수염에 흘리매"

실수하는자의 표본＊다윗

　이런 추태를 보이면서까지 다윗은 어떻게 해서라도 살려고 했습니다. 여러분, 이 장면에 대해서 여러 가지 나름대로 의견이 있을 수 있지요? 그렇게 해서라도 일단은 살아야 장래를 도모하지 않겠느냐 하는 것이 일반적인 생각일 수 있지요. 맞을지도 모릅니다.

　이는 마치 옛날 중국 땅에 한고조 유방을 도와 천하를 도모했던 한신 장군이 청년시절 동네 불량배들에게 당했던 고사와 비슷합니다. 그 당시 한신은 목숨을 부지하기 위하여 불량배들이 시키는 대로 그들의 가랑이 밑을 기어갔습니다. 그러면서도 속으로 "마침내는 큰 바닷물이 되는 개울물도 때로는 나뭇잎 밑을 지나는 법"이라고 했다고 합니다.

　그렇지만 다윗이 누구였습니까? 그 거대한 골리앗 앞에서도 목숨은 안중에도 두지 않고 하나님을 의지하고 달랑 물매 하나만 가지고 뛰어들었던 사람이 아니었습니까? 무엇이 그렇게 겁이 나서 수염에 침을 질질 흘리며 미친 시늉을 하면서까지 목숨을 구걸하고 있는 것입니까? 그 하나님은 도대체 어디로 가셨단 말입니까? 이 장면을 보면 분통이 터져 못 있겠습니다.

　그러나 여러분, 이 다윗의 모습이 바로 우리의 모습입니다. 우리도 다윗과 다를 바 하나도 없을 것입니다. 누구나 죽음을 직접 앞두고는 그럴 수밖에 없을 것입니다. 다윗을 너무 욕하지 말아 주십시오. 다윗에게도 이런 연약함과 실수가 있기 때문에 우리는 소망을 갖는 것입니다. 그렇지 않으면 늘 완벽한 다윗 앞에서 우리는 명함도 못 내미는 사람이 될 것입니다. 이렇게 다윗은 목숨을 구걸하기 위해 하나님을 바라보지 않고 인간을 바라보았던 실수를 했습니다.

두 번째 실수

드디어 다윗은 사울왕의 뒤를 이어 이스라엘의 두 번째 왕이 되었습니다. 왕이 되기까지 수많은 역경과 고난을 겪었습니다. 그런데 왕이 된 다윗은 어떤 실수를 저질렀을까요?

여러분이 너무나 잘 아는 실수입니다. 밧세바 간음사건이지요. 당시 이스라엘은 암몬과 긴 전쟁을 하고 있었습니다. 부하들이 암몬의 수도 랍바를 공격하고 있는 동안, 다윗은 예루살렘에 남아서 소일하고 있었습니다. 그 때 마침 밑에 있는 마을에서 목욕하고 있는 아름다운 여자를 본 것입니다. 밧세바였습니다. 제가 현장에 가서 다윗이 있었음직한 성루에 올라서 아랫마을을 보니 정말 그곳에서는 훤하게 잘 보였습니다. 더구나 당시에는 지붕의 한 부분이 개방되었다고 하니 오죽 잘 보였겠습니까?

그래서 다윗은 밧세바를 취하게 됩니다. 이 엄청난 죄를 감추기 위해 다윗은 그녀의 남편 우리아를 결국 전쟁중에 선두에 서게 하여 죽임을 당하게 만듭니다. 다윗 자신을 위해 목숨을 걸고 싸우고 있던 그 충실한 부하를 이렇게 죽인 것입니다. 간음도 하고 살인도 한 것입니다. 요즘에 신문에 자주 나오는 기사처럼 여자를 강간하고 혹시 말이 새어 나갈까봐 죽이는 것과 조금도 다를 바 없었습니다. 실로 무시무시한 죄를 다윗이 저질렀습니다. 사형감도 이런 사형감이 없습니다.

여러분, 그렇다고 너무 다윗을 나무라지 마십시오. 우리도 쉽게 다윗처럼 되어 버립니다. 적어도 이 부분은 아무도 장담할 수 없습니다. 본래 사단이 사람을 넘어지게 할 때 가장 강력하게 사용하는 무기가 바로 정욕을 사용하는 것입니다. 이 정욕의 덫에 걸려들면 빠져나올 사람이 결코 많지 않습니다. 성경에 나오는 많은 영웅들이 이 정욕으

실수하는자의 표본 * 다윗

로 인하여 넘어졌습니다. 아니 오늘 우리 주변에도 이 덫에 걸려 수많은 사람이 넘어지고 있습니다.

그래서 마귀는 우는 사자와도 같이 삼킬 자를 찾고 있는 것입니다. 우리는 이런 정욕과의 전쟁에서 승리해야 합니다. 그러기 위해서는 날마다 싸워야 합니다. 내 머리 속에 이러한 생각이 들어오면 더 크기 전에 빨리 내보내야 합니다. 생각이 생각을 낳고, 결국은 행동을 낳으며, 끝내 사망의 골짜기까지 가게 됩니다. 패가망신합니다.

사단은 사람의 생각 속에 파고들어 역사합니다. 우리가 무슨 생각을 하는가 하는 것은 너무나 중요합니다. 날마다 하나님 생각을 하고 있다면 그는 하나님의 사람이지만, 날마다 세상 생각을 하고 있다면 그는 세상 사람입니다. 그러나 사실 생각을 내 멋대로 하기가 너무도 어렵습니다. 이 생각 속에 날마다 사단이 역사를 하니까요. 그래서 우리의 위대한 신앙선배이자 본이 되는 사도 바울조차도 이 문제에 대해 심각하게 고민하고 애통해합니다. 로마서 7장 19절부터 이렇게 고백하고 있습니다 :

"내가 원하는 바 선은 하지 아니하고 도리어 원치 아니하는 바 악은 행하는도다. 만일 내가 원치 아니하는 그것을 하면 이를 행하는 자가 내가 아니요 내 속에 거하는 죄니라. 그러므로 내가 한 법을 깨달았노니 곧 선을 행하기 원하는 나에게 악이 함께 있는 것이로다. 내 속 사람으로는 하나님의 법을 즐거워하되 내 지체 속에서 한 다른 법이 내 마음의 법과 싸워 내 지체 속에 있는 죄의 법 아래로 나를 사로잡아 오는 것을 보는도다. 오호라, 나는 곤고한 사람이로다. 이 사망의 몸에서 누가 나를 건져내랴."

여호와 닛시 !

여러분! 이 얼마나 솔직한 고백입니까? 조금도 가식이 없는 바울의 고백입니다. 우리의 생각과 어찌 그리 같은지요. 그래서 저는 이러한 바울의 고백을 보면서 많은 위로를 받게 됩니다. 저렇게 위대했고 예수님을 보았던 바울조차도 속마음을 보면 맨날 저렇게 두 마음이 싸우고 있었다니 하고 말입니다. 겉으로 보면 모두가 깨끗하게 보입니다. 설마 저 사람이 나 같은 생각을 할 수 있을까 하고 생각도 합니다. 그러나 인간은 다 똑같습니다. 다만 정도의 차이이며, 겉으로 얼마만큼 드러내느냐의 차이입니다. 털어도 먼지 안 나는 사람은 목욕탕에 들어가 있는 사람뿐일 겁니다. 그래서 우리도 이 부분에 대해 위로를 받을 수 있습니다. 그러나 여러분, 분명히 알아야 하실 것은 음행이야말로 하나님이 참 싫어하시는 것이라는 사실입니다. 고린도전서 6장 15-16절을 봅니다. 사도 바울의 말이지요 :

"너희 몸이 그리스도의 지체인 줄을 알지 못하느냐? 내가 그리스도의 지체를 가지고 창기의 지체를 만들겠느냐? 결코 그럴 수 없느니라. 창기와 합하는 자는 저와 한 몸인 줄을 알지 못하느냐? 일렀으되, 둘이 한 육체가 된다 하셨나니."

또 이어지는 18-20절을 보겠습니다 :

"음행을 피하라. 사람이 범하는 죄마다 몸 밖에 있거니와 음행하는 자는 자기 몸에게 죄를 범하느니라. 너희 몸은 너희가 하나님께로부터 받은 바 너희 가운데 계신 성령의 전인 줄을 알지 못하느냐? 너희는 너희 것이 아니라 값으로 산 것이 되었으니, 그런즉 너희 몸으로 하나님께 영광을 돌리라."

실수하는 자의 표본 * 다윗

그렇습니다. 사람이 범하는 죄마다 모두 몸 밖에 있다고 했는데, 음행만은 그 죄가 몸 안에 있다고 합니다. 생각만 해도 아찔하지 않습니까? 더구나 예수님께서는 한 술 더 뜨시어 여자를 보고 음욕을 품는 자마다 마음에 이미 간음을 했다(마태복음 5:28)고 하셨습니다. 으악, 예수님! 그래서 사도 바울은 로마서 8장 12-13절에서 이렇게 말했습니다 :

"육신에게 져서 육신대로 살 것이 아니니라. 너희가 육신대로 살면 반드시 죽을 것이로되, 영으로써 몸의 행실을 죽이면 살리니."

예, 영으로써 몸의 행실을 죽여야 비로소 살 수 있다는 겁니다. 그런데 이게 생각보다 참 어렵지요? 마음 먹은 대로 안 되지요? 마음은 수백 번 먹는데도 몸이 따라가지 않지요? 그래서 마약 중독자가 그토록 패가망신하고 폐인이 되고서도 마약의 맛을 잊지 못해서 또 다시 몰래 마약을 하게 되는 겁니다. 저는 술, 담배, 투전, 마약, 음행을 가리켜 육신을 죽이는 5대 마수라고 부르고 싶습니다. 여기에 한번 빠져들면 정말 빠져나오기가 어렵습니다. 날마다 깨어서 기도해야 할 이유가 여기 있는 것입니다.

요한복음 8장 3절부터 보면, 예수님이 간음하다가 현장에서 잡힌 여자에 대해 용서해 주시는 기사가 나옵니다. 우리가 너무나 잘 아는 얘기입니다. 모인 군중들은 율법에 의해 돌로 쳐야 한다고 예수님께 말했지요. 그런데 예수님은 말씀하셨습니다 :

"너희 중에 죄 없는 자가 먼저 돌로 치라."

아무도 칠 수 없었지요. 그리고 혼자 남은 여자를 향해 말씀하셨습니다 :

　　"나도 너를 정죄하지 아니하노니, 가서 다시는 죄를 범치 말라."

　여러분, 이 장면을 잘 보시기 바랍니다. 아무리 성경을 뒤져봐도 간음한 이 여자가 군중에게나 예수님께 잘못했다고 빌거나 회개한 대목을 찾을 수 없습니다. 그런데 예수님은 용서해 주셨습니다. 웬 일입니까? 음행은 누구나 범할 수 있는 죄라고 생각하셨던 것 같습니다. 사실 "여자를 보고 음욕을 품는 자마다 이미 간음하였느니라"(마태복음 5:28)고 하신 예수님의 완벽한 신앙적 기준에서 벗어날 수 있는 사람이 세상에 어디 있겠습니까? 예수님이 보시기에는 모두가 예외 없이 죄인들입니다.

　세상을 살아가면서 정말 단 한 번도 음욕을 품지 않은 사람이 있단 말입니까? 모든 아름다운 여자가 나무토막으로 보이는 분이 계십니까? 만일 그렇다면 이건 또 보통 문제가 아닙니다. 빨리 정신병원에 가든가, 아니면 종합병원 안과에 가서 정밀진찰을 받아야 할 것입니다. 그렇습니다. 적어도 정상적인 사람이라면 누구에게라도 있을 수 있는 일이라는 것입니다. 예수님은 이것을 아시는 겁니다. 그래서 여자를 정죄하지 않으셨습니다. 그렇지만 분명한 단서를 달으셨습니다 :

　　"다시는 죄를 범치 말라."(요한복음 8:11)

　그렇습니다. 비록 용서는 받았지만, 다시 같은 죄를 범치 않도록 하

실수하는자의 표본＊다윗

라고 명령하셨습니다. 여러분, 우리도 간음한 여자와 다를 바 없습니다. 정말 죄 없는 자가 돌로 치라고 하실 때 돌로 칠 자신이 있습니까? 우리도 밧세바를 간음했던 다윗과 다를 바 없습니다. 비록 행동은 하지 않았을지 몰라도, 예수님의 기준에서 본다면 간음한 것과 다를 바 없는 것입니다. 그래서 우리는 날마다 죄인 됨을 깨닫게 됩니다. 그래서 우리에게는 날마다 주님의 용서가 필요한 것입니다.

세 번째 실수

자, 이번에는 다윗이 저질렀던 실수 중에 세 번째를 보시겠습니다. 다윗은 그의 생애를 통해서 많은 전쟁을 했습니다. 이로 인해 많은 피를 흘렸습니다. 다윗은 싸울 때마다 승리를 했습니다. 그 비결은 늘 먼저 하나님께 여쭈어 보고(사무엘하 2:1) 전쟁을 시작했던 데 있습니다. 그래서 "여호와께서 크게 이기게 하셨으므로"(사무엘상 23:10) 승리를 거둘 수 있었습니다.

그런데 항상 승리만 하다보니 다윗의 마음이 교만해졌습니다. 그래서 꼬박꼬박 하나님께 여쭙는 일을 소홀히 여겼습니다. 그러던 어느 날 다윗은 하나님은 안중에도 두지 않고 군대의 위세를 알아보기 위해 인구조사를 임의로 시켰습니다(사무엘하 24:1). 이러한 인구조사의 부당성에 대해 군대장관 요압이 다윗에게 말합니다 :

"이 백성은 얼마든지 왕의 하나님 여호와께서 백 배나 더하게 하사 내 주 왕의 눈으로 보게 하시기를 원하나이다. 그런데 내 주 왕은 어찌하여 이런 일을 기뻐하시나이까?"

인구조사를 철회할 것을 건의했습니다. 이 건의에서 보면, 요압이 오히려 다윗보다도 더 좋은 믿음을 가진 것 같습니다. 여호와께서 백 배나 더 하실 줄을 믿는 믿음을 그가 가졌으니까요. 그러나 다윗의 재촉에 못 이겨 요압이 인구조사를 하니, 이스라엘에서 칼을 빼는 담 대한 자가 팔십만 명이며 유다사람이 오십만 명이었습니다(사무엘하 24:9).

본래 인구조사는 하나님이 시키셔야 하는 것입니다. 그래서 광야 에서 모세도 하나님의 명에 의해 2차에 걸쳐 인구조사를 실시했었습 니다 :

"여호와께서 애굽 땅에서 나온 모세와 이스라엘 자손에게 명하 신 대로 너희는 이십세 이상된 자를 계수하라."(민수기 26:4)

그런데 다윗은 하나님께 여쭈어 보지도 않고 자발적으로 이런 일을 범하고 말았던 것입니다. 늘 잘해 주셨던 하나님을 경홀히 여긴 것입 니다. 한 마디로 하나님을 만만하게 본 것이지요. 인간적인 머리를 굴 린 것입니다.

그런데, 과연 하나님이 이런 다윗을 그냥 두고만 보셨을까요? 하나 님은 선지자 갓을 통해 다윗에게 다음 세 가지 벌 중에 취사선택하라 고 하십니다. 그래도 하나님이 다윗을 많이 봐주신 겁니다.

첫째, 이스라엘 땅에 칠 년 기근 있는 것입니다. 둘째, 다윗이 대적 들에게 쫓겨 석 달을 도망하는 것입니다. 셋째, 이스라엘 땅에 삼일 동 안 온역이 도는 것입니다. 이러한 주문을 받은 다윗은 두 번째만 빼놓 고 어느 것도 좋다고 말합니다. 여러분, 잘 보십시오. 두 번째가 무엇 입니까?

예, 첫번째와 세 번째는 모두 하나님이 행하시는 것이지만 두 번째는 사람에 의해 직접 고통을 받는 것입니다. 다윗은 왕이 되기 전에도 그만큼 사울에게 쫓김을 받았고 왕이 된 후에도 아들 압살롬의 반역을 비롯하여 수없이 사람들에 의해 고통을 받았기 때문에, 이것만은 제발 피하게 해달라고 요구했던 것입니다(사무엘하 24:14).

결국 하나님은 세 번째 방법으로 다윗을 징계하셨습니다. 이스라엘에 온역이 돌아서 죽은 자가 칠만 명이 되었습니다. 이렇게 다윗 한 사람의 실수로 인하여 이렇게 많은 사람들이 무고히 죽어 갔던 것입니다. 도대체 죽은 백성들이 무슨 죄가 있었겠습니까?

그래서 제가 이 부분에서 깨닫는 것은, 지도자가 얼마나 중요하냐 하는 것입니다. 또 지도자가 얼마나 제대로 그 역할을 잘 해야 하는지 알 수 있다는 것입니다. 어느 조직이나 나라든, 그것을 이끄는 지도자가 잘못하면 마치 당시 이스라엘같이 죄 없는 무수한 사람들이 고통을 받게 되고 목숨까지 잃게 됩니다. 그런 의미에서 지도자는 아무리 신중을 기해 뽑아도 지나치지 않는 것입니다.

모세의 장인 이드로가 하루 종일 혼자 재판을 담당하고 백성을 이끌고 있는 모세에게 충고합니다. 혼자 그렇게 하지 말고 백성들 중에 지도자를 뽑아서 그들로 일을 분담하도록 하라고 했습니다. 그래서 그 때 지도자의 자질로 들고 있는 대목이 출애굽기 18장 21절에 나옵니다 :

"재덕이 겸전한 자, 곧 하나님을 두려워하며 진실무망하며 불의한 이를 미워하는 자……."

여기서 보면 바람직한 지도자는 무식하고 용감한 자가 아닙니다.

약은 꾀나 부리고 음흉한 자도 아닙니다. 오직 재주와 덕이 풍부하며, 하나님을 귀히 여기며, 진실하며, 잘못된 이익을 탐하지 않는 깨끗한 자라고 했습니다. 이런 지도자가 많은 나라는 행복할 것입니다.

자, 우리는 지금까지 다윗이 행했던 세 가지 중대 실수에 대해서 살펴보았습니다. 다윗이 범했던 이러한 실수 세 가지는 사람들이 흔히 범할 수 있는 대표적인 유형일 것입니다.

실수 분석

약간 중복이 될지 모르지만, 저는 다윗이 행하였던 중대한 세 가지 실수에 대하여 다시 한번 확실하게 짚고 넘어가려 합니다. 그렇게 해야만 이와 같은 실수를 우리도 최소화할 수 있으리라 보기 때문입니다.

첫번째 실수가 무엇이었습니까? 자신의 목숨이 위태로울 때 보이지 않는 하나님을 바라보기보다는 당장 눈앞에 위협을 주는 사람을 향해 목숨을 구걸하는 실수입니다. 곧 육적인 삶을 위해 영적인 삶을 멀리하는 경우이지요. 이런 경우는 우리 주변에서 너무도 쉽게 찾아볼 수 있습니다.

먹고살기에 찌들고 바쁘다 보면 정작 중요한 것을 놓치게 되지요. 삶의 우선 순위를 확실히 해야 합니다. 하나님이 우선이냐 사람이 우선이냐고 선택해야 할 때, 정말 우리는 얼마만큼 하나님을 우선으로 할 수 있습니까? 직장에서 하나님을 모르는 상사에게 우선 잘 보이기 위해 그 상사의 비위에 맞는 행동을 하기에 급급하지는 않습니까? 어떤 불리한 상황에 처할지라도 하나님을 우선으로 내세울 수 있습니까?

한 가지 여쭈어 보겠습니다. 여러분은 대중식당이나 여러 사람들 앞

실수하는 자의 표본＊다윗

에서 식사할 때 과연 얼마만큼 확실하게 남이 볼 때 구분되도록 머리를 숙이고 하나님께 감사기도를 드리십니까? 아니면 아예 하지 않으십니까? 아니면 몇 초 동안 슬쩍 흉내만 내십니까? 이것을 체크해 보시면 자기자신의 수준을 어느 정도 진단할 수 있습니다.

사람들 앞에서 하나님을 믿는다는 것을 담대하게 드러낼 수 있어야 합니다. 이런 측면에서 갈라디아 1장 10절에 있는 말씀은 우리에게 좋은 기준이 되고 있습니다 :

> "내가 사람들에게 좋게 하랴, 하나님께 좋게 하랴? 사람들에게 기쁨을 구하랴? 내가 지금까지 사람의 기쁨을 구하는 것이었더면 그리스도의 종이 아니니라."

여러분, 어떤 경우든 하나님께 좋게 하는 우리들이 됩시다. 그런데 그게 참 잘 안 될 때가 많습니다. 그래서 우리는 삶의 현장에 부딪쳐서 마치 다윗처럼 너무나 자주 하나님을 뒷전으로 보내는 실수를 하게 되는 것입니다.

두 번째 실수가 무엇이었습니까? 여자를 보고 음욕을 품고 마침내는 간음하며 사람까지 죽이게 되는 죄를 범한 실수입니다. 이것은 사람의 생각이 얼마나 중요한가를 보여 주는 것이지요. 생각 속에 어떤 탐심이 들어오면 그것을 잘 절제하지 못할 때 결국 행동으로 옮겨지게 됩니다. 그리하여 돌이킬 수 없는 죄로 발전될 수 있습니다.

처음에는 작은 불씨가 결국 큰불을 일으키는 원인이 됩니다. 죄의 속성도 이와 같습니다. 모든 죄는 처음부터 크게 다가오지 않습니다. 아주 은밀하게 아주 부드럽게 아주 가볍게 다가옵니다. 처음부터 그 죄의 속삭임을 거부하지 못하면, 결국 다윗처럼 돌이킬 수 없는 죄에

여호와 닛시 !

까지 나아가게 되는 것입니다. 이것이 우리가 흔히 범할 수 있는 죄의 발전 단계이지요. 그래서 욕심이 잉태하여 사망에 이른다고 했습니다. 그래서 이것을 방지하기 위해서 예수님께서는 여자를 보고 음욕을 품으면 이미 그로써 간음을 했다고까지 말씀하신 것입니다. 처음부터 죄가 커지지 않도록 그 싹부터 잘라 버리라고 하시는 말씀이지요.

세 번째 실수가 무엇이었습니까? 승승장구하다보니 마음에 교만이 들어왔습니다. 하나님이 가장 싫어하시는 것이 있다면 교만한 마음일 것입니다. 잠언 6장 16절부터 보면, 하나님이 미워하시는 것 육칠 가지에 대해 나옵니다. 그 첫째가 교만입니다. 그래서 잠언 16장 18절 말씀에 "교만은 패망의 선봉이요 거만한 마음은 넘어짐의 앞잡이"라고 했습니다. 사실 우리도 어쩔 수 없는 인간인지라 자신도 모르게 교만한 마음을 가질 때가 있습니다.

조금만 자기가 잘났다고 생각하면 그렇지 못한 사람들을 비웃습니다. 조금만 돈이 있다고 생각하면 없는 자들을 은근히 깔봅니다. 조금만 권력이 있다고 생각하면 낮은 자들을 업신여깁니다. 이것이 바로 교만한 마음들입니다. 뭔가 뒤에 믿는 구석이 있으면 사람은 의외로 뻣뻣해지기 쉬운 속성이 있나 봅니다. 흔히 목회자들이 빠지기 쉬운 함정이 바로 여기에도 있습니다. 목회자의 집안에 어느 정도 먹을 만큼의 뒷받침이 되고 장래도 어느 정도 확고하게 보장된 듯하면, 그 때부터는 성도들을 바라보는 태도가 달라질 수 있습니다. 속 썩이는 성도가 있으면 어떻게 해서 올바른 신앙인으로 만들까 하고 매달리기보다는 차라리 교회에 나오지 않기를 바랄 때도 있습니다. 굳이 한 명 때문에 속썩일 필요가 뭐 있느냐는 태도이지요. 정말 그 영혼이 불쌍하면 길 잃은 한 명의 양을 놓고 방관할 수만은 없습니다.

예수님께서 길 잃은 한 마리의 양에 대해 비유의 말씀을 하셨는데,

실수하는자의 표본 ＊ 다윗

저는 이스라엘 현장에 가서야 그 비유의 진짜 속마음을 알았습니다. 이스라엘에는 광야가 많습니다. 요즘도 마찬가지이지만, 예수님 당시에는 특히 무서운 야생동물들이 광야에 많이 살았습니다.

만일에 양 한 마리가 길을 잃어서 광야에 헤매게 되면, 그 양은 그날 밤 안으로 예외 없이 이 야생동물의 밥이 되고 맙니다. 그리고 양은 제 스스로 물이 있는 곳을 찾지 못합니다. 그래서 목자가 필요합니다. 목자가 쉴 만한 물가로 이끌면 앞에 가는 양을 따라서 전체가 쫄쫄 따라갑니다. 양은 눈이 나쁘기 때문에 바로 앞에 있는 양만 따라가지요. 현장에 가보면, 산에 양들이 지나간 수많은 길들을 볼 수 있습니다. 재미있지요. 참 목자라면 한 마리의 길 잃은 양을 그냥 두고 집에서 잠을 잘 수 있겠습니까? 밤새도록 그 잃어버린 양을 찾으려고 헤맬 것입니다. 그냥 놔두면 물도 못 찾고 맹수에 의해 죽게 되니까요. 아마 목자의 심정은 타는 듯할 것입니다. 그래서 결국 그 잃어버린 양을 찾게 되면 너무나 기뻐서 덥석 어깨에 매고 돌아오는 것입니다. 어린양은 희고 귀엽지만, 조금만 크면 누렇고 온몸에 냄새가 풍깁니다. 그래도 목자는 아랑곳않고 한 생명을 죽음에서 건진 기쁨에 넘쳐 즐거이 매고 오는 것입니다.

이것이 참 목자의 모습입니다. 잃어버린 한 마리의 양을 돌본다는 것은 바로 죽음과 삶에 대한 절실한 문제입니다. 그냥 교회가 채워지고 안 채워지고의 문제가 아닙니다. 정말 이런 간절한 심정으로 목회자들은 양들을 이끌어 나가야 합니다. 만일 목회자가 교만하고 오히려 성도들에게 섬김을 받으려고만 한다면 이는 참 목자가 될 수 없습니다. 참 목자는 가시덤불을 헤쳐 물도 찾아야 하고 더러워져 냄새나는 양털도 손수 씻어 줄 수 있어야 합니다. 하나님이 좋아하는 사람은 교만한 사람이 아니라 이렇게 무릎 꿇고 남을 섬길 줄 아는 겸손하고도

여호와 닛시 !

온유한 사람입니다.

사실 잘났다고 스스로 생각하는 사람만큼 못난 사람은 없을 것입니다. 서울의 63빌딩 위에 올라가서 아래를 내려다보면 집이고 자동차고 사람이고 할 것 없이 모두 납작하게 보입니다. 다시 말해, 누가 더 높고 낮은지 구분이 안 가지요. 하물며 저 높은 하늘에 계신 하나님께서 우리들을 내려다보실 때는 오죽 하시겠습니까? 다 똑같습니다.

상한 심령으로

다윗은 '실수하는 자의 표본'이었습니다. 실수도 보통 실수가 아니고 엄청난 실수를 하였습니다. 살기 위해서 미치광이 짓을 하였습니다. 하나님의 눈치를 살피지 않고 사람의 눈치를 살폈습니다. 여자로 인해 음욕을 품고 간통을 하고 사람까지 죽였습니다. 이런 일이 어디 사람이 할 수 있는 짓입니까? 그것도 하나님을 잘 믿는다고 하는 사람이 말입니다. 그리고 거드름을 피우며 하나님의 허락도 받지 않고 보란 듯 인구조사를 하였습니다. 그래서 성경에 의하면, 하나님이 '괘씸히' 여기셨습니다. 괘씸죄에 걸린 것입니다.

이런 다윗이었습니다. 이런 다윗을 보면, 한편으로는 처량하기도 하고, 한편으로는 힘도 빠집니다. 설마 하고 믿고 있었던 마지막 보루가 어이없이 무너진 기분입니다. 그런데 하나님은 결국 다윗을 이스라엘에서 가장 위대한 왕으로 후세에 남도록 복을 베푸셨습니다. 오늘도 세계 수억의 그리스도인들에게 사랑을 받는 사람으로 세우셨습니다.

그러면 지금부터 그렇게도 많은 실수를 했던 다윗이 오늘날의 다윗으로 복을 받게 된 비밀이 무엇인가를 알아보겠습니다. 무엇보다도 가장 큰 이유로는 자기의 죄와 잘못을 그 즉시 깨달아 깊은 회개를 할 수 있었다는 것입니다. 밧세바의 간통사건 이후, 다윗은 선지자 나단으로부터 혼이 납니다. 그러자 다윗은 그 자리에서 회개를 하고, 유명한 시편 51편의 말씀처럼 하나님 앞에 자복하여 눈물콧물 할 것 없이 몸부림치며 회개를 합니다 :

"주의 얼굴을 내 죄에서 돌이키시고 내 모든 죄악을 도말하소서. 하나님이여, 내 속에 정한 마음을 창조하시고 내 안에 정직한 영을 새롭게 하소서 …… 주는 제사를 즐겨 아니 하시나니, 그렇지 않으면 내가 드렸을 것이라 …… 하나님의 구원하시는 제사는 상한 심령이라. 하나님이여, 상하고 통회하는 마음을 주께서 멸시치 아니 하시리이다."

이 모습이 바로 다윗의 진실한 모습입니다. 비록 여러 가지 있을 수 없는 실수와 죄를 지었지만, 다윗은 곧바로 하나님 앞에 매달려 회개를 했습니다. 그것도 갈기갈기 찢어지는 마음으로 통회를 했습니다. 그래서 하나님은 이러한 다윗을 버리지 아니하셨고 사랑하셨습니다.

여러분, 여기서 다윗의 태도를 잠시 보겠습니다. 아무리 자기가 잘못 했더라도, 누가 와서 그 잘못을 지적하면 실상 누구나 기분이 나쁘게 되어 있습니다. 하물며 왕인 자기에게 그것도 입에 담기조차 부끄러운 잘못을 나단이 신랄하게 지적했을 때, 다윗은 그 말을 그대로 받아들였습니다. 아! 다윗이 얼마나 큰 그릇입니까?

여러분, 우리의 경우는 어떻습니까? 누가 충언을 한다고 실수를 지적해 주면, 과연 그 말을 얼마만큼 순수하게 받아들일 수 있습니까? 세상 사람 치고 자기를 칭찬하는 것을 듣기 싫어하는 사람은 없습니

여호와 닛시 !

다. 자기를 지적하고 욕하는 것을 듣기 좋아하는 사람도 없습니다. 그런 면에서 볼 때, 다윗은 참으로 넓고 큰마음을 가진 사람임에 틀림없습니다. 우리도 이런 다윗을 배웁시다!

다음에, 저는 아주 중요한 대목을 지목하려고 합니다. 방금 보신 시편 말씀에 보면, "주는 제사를 즐겨 아니 하시나니"라고 되어 있습니다. 또 이어서 "하나님의 구하는 제사는 상한 심령이라"고 한 부분이 있습니다. 아니, 하나님이 어떤 분인데 제사를 즐겨하지 않으시다니? 다윗이 지금 제정신으로 하고 있는 말입니까?

여러분, 제사가 무엇입니까? 구약 전체를 통해서 제사란 하나님을 하나님으로 인정하는 증표였습니다. 그런데 어찌 다윗이 하나님이 제사를 즐겨하지 않으신다고 감히 말할 수 있을까요?

잠깐 마음을 가라앉히고, 다음에 이어지는 "하나님의 구하는 제사는 상한 심령이라"고 하는 말에 귀를 기울이시기 바랍니다. 자, 이건 또 무엇을 의미합니까? 그렇습니다! 다윗은 하나님이 어떤 분인가를 분명히 알았던 사람이었습니다. 이미 다윗은 그 당시에 하나님의 속성을 제대로 알고 있었다는 것이지요. 하나님은 제사라는 형식보다 하나님을 경배하는 속마음을 더욱 중시하였습니다. 그래서 사무엘의 말처럼 순종이 제사보다 낫다고 하는 것입니다. 호세아 6장 6절에도 보면, "나는 인애를 원하고 제사를 원치 아니하며 번제보다 하나님을 아는 것을 원하노라"고 기록되어 있습니다. 여기에도 "하나님을 아는 것"에 중점을 두었지요? 예수님도 말씀하시기를, "내가 긍휼을 원하고 제사를 원치 아니하노라 하신 뜻이 무엇인지 배우라"(마태복음 9:13)고 하셨습니다.

이것을 잘 알았던 다윗은 비록 죄를 짓고 실수를 했지만, 통회하는 상한 심령으로 하나님 앞에 나왔던 것입니다. 상한 심령만이 하나님께서 어떤 제사보다도 즐겨 받으시는 제사인 것을 너무나 잘 알았던 것이었습니다.

그리고 다윗이 이 부분에서 깊이 깨달은 것은, 사람이라면 누구나 죄인일 수밖에 없다고 하는 것이었습니다. 그래서 "내 죄가 항상 내 앞에 있나이다"라고 고백하고 있습니다. 그래서 죄인이기 때문에 하나님이 필요하다고 하는 것입니다. 정말 인생의 깊은 고뇌의 골짜기에 들어가 보지 못한 사람들은 이 말을 깊이 있게 깨닫지 못할 것입니다. 그런 의미에서 볼 때, 우리에게 다가오는 고통과 역경과 좌절의 시련들은 오히려 감사의 조건들이요 소망의 메시지입니다.

여호와를 기뻐하라

다윗이 축복받을 수 있었던 다음의 중요한 조건은 그 중심이 하나님을 기뻐했다는 것입니다. 다윗은 시편을 통해 "여호와를 기뻐하라"고 했습니다(시편 37:4). 사무엘이 사울왕을 대신할 왕을 기름 부으려고 다윗의 아비 이새의 집을 찾았을 때, 하나님께서 사무엘에게 이르시기를 "나 여호와는 중심을 보느니라"(사무엘상 16:7)고 하시면서 소년 다윗을 향해 기름을 붓게 하셨습니다.

다윗의 중심을 보신 하나님이 기뻐하셨기 때문입니다. 내가 하나님을 기뻐하면 하나님도 나를 기뻐하시는 것입니다. 내가 하나님을 멀리하면 하나님도 나를 멀리하시는 것입니다. 그래서 "하나님을 가까이하라. 그리하면 하나님도 가까이 하신다"(야고보서 4:8)고 했습니다.

다윗이 얼마나 그 중심으로 하나님을 기뻐했는지 사무엘하 6장을 보면 잘 알 수 있습니다. 우리가 잘 아는 얘기입니다. 언약궤를 블레셋에

여호와 닛시!

게 빼앗겼다가 다시 찾아오는 날입니다. 다윗은 얼마나 기뻤던지 왕의 체통이고 뭐고 팽개치고 하나님 앞에서 힘을 다하여 춤을 추었습니다 (사무엘하 6:14). 이를 본 사울의 딸이자 다윗의 아내인 미갈이 다윗 을 업신여겼는데, 이 때문에 하나님이 그녀에게 자식을 낳지 못하는 벌을 내리셨습니다.

하나님 앞에 덩실덩실 춤을 추고 있는 다윗이 훨씬 예뻤던 것이지 요. 이 마음이 바로 다윗이 하나님을 향해 가지고 있었던 중심이었습 니다. 그리고 다윗은 어떤 환난과 고난 속에서도 하나님을 버리지 않 고 여호와를 기뻐하며 찬양했던 사람이었습니다. 여러분, 사실 괴로울 때 찬양이 잘 나옵니까? 환난 가운데서 찬양할 수 있다는 것은 축복입 니다.

다윗은 누구보다도 하나님이 찬양 가운데 거하시는 분인 줄 알고 있 었습니다. 찬양이야말로 하나님을 기쁘시게 하는 최고의 것임을 잘 알 고 있었습니다. 그래서 다윗은 어떠한 경우를 당해도 하나님을 찬양했 습니다. 시편에 있는 많은 구절들이 다윗이 환난 가운데 하나님을 찬 양했던 노래들입니다.

"여호와는 나의 목자시니, 내가 부족함이 없으리로다."(시편 23:1)

이렇게 어떤 환경에서도 찬양을 좋아했던 다윗, 그래서 하나님은 이 런 다윗을 참으로 좋아하셨습니다. 수많은 실수와 허물이 있었음에도 불구하고, 오늘까지 위대한 하나님의 종으로 존경을 받게 축복하셨습 니다.

또한 하나님을 기뻐했던 다윗은 하나님께서 기름 부으신 이들을 중히 여겼습니다. 하나님이 그들을 구별하여 소중히 여기셨기 때문에, 다윗도 마땅히 그들을 소중히 여겼던 것입니다. 당시에 하나님께 기름 부음을 받은 이는 왕과 제사장과 선지자였습니다.

여러분도 잘 아시다시피, 사울왕을 피해 도망하던 시절, 다윗은 사울왕을 두 번이나 죽일 수 있는 절호의 찬스를 맞았습니다. 한번은 엔게디의 동굴 안에서, 한번은 십 황무지에서입니다. 그 때 이 기회를 놓치지 말고 사울을 죽이자고 종용하는 부하들에게 다윗은 다음과 같이 일렀습니다 :

"내가 손을 들어 여호와의 기름 부음을 받은 내 주를 치는 것은 여호와의 금하시는 것이니, 그는 여호와의 기름 부음을 받은 자가 됨이니라."(사무엘하 24 : 4)

또한 기름 부음 받은 이에 대한 심판은 오직 하나님만이 할 수 있음을 분명히 했습니다 :

"여호와께서 사시거니와 여호와께서 그를 치시리니, 혹 죽을 날이 이르거나 혹 전장에 들어가서 망하리라."(사무엘하 26 : 10)

보통사람들 같았으면 자기를 죽이려고 그렇게 혈안이 되어 좇아 다녔던 원수를 그냥 두지 않았을 것인데, 이렇게 다윗은 기름 부음 받은 사람에 대한 하나님의 권위를 철저히 인정하였습니다. 그들에 대한 징계는 오직 하나님만이 하실 수 있음을 분명히 하였습니다.

그래서 다윗도 왕이 된 후 그렇게 많은 잘못을 했어도, 과거에 사울에게 행했던 것을 생각하셔서 역시 기름 부음을 받은 다윗을 하나님은

여호와 닛시!

용서해 주셨던 것입니다. 심은 대로 거두는 법입니다. 만일 다윗이 그때 사울을 쳤다면 역시 하나님도 다윗의 잘못을 보고 치셨을 것입니다. 틀림없이 그렇게 하셨을 겁니다.

여러분, 여러분의 목사님은 하나님께 기름 부음을 받은 분입니다. 혹시 목사님의 설교가 마음에 안 든다고 불평을 하지나 않으십니까? 혹시 목사님의 행동이 눈에 거슬린다고 어디 가서 흉이나 보지 않으십니까? 그렇게 하지 마십시오. 지금쯤의 나이에 성격이나 설교 스타일을 바꾼다는 것을 기대하는 자체가 무리입니다. 그래서 여러분이 단지 할 수 있는 것은 그저 목사님을 위해서 기도하는 것입니다. 그러면 언젠가 하나님이 역사하셔서 목사님을 변화시켜 주실 것입니다. 사람은 할 수 없습니다.

만일 목사님이 무엇인가를 잘못하셨다면 그것도 그냥 누십시오. 목사님 때문에 상처받는 경우도 있을 것입니다. 그래도 직접 나서지 마시고 그냥 두십시오. 다윗의 말처럼 기름 부음 받은 자는 하나님이 그 잘못을 치십니다. 죽게 하시든지, 아니면 전쟁터로 보내시든지 하실 것입니다(사무엘하 26:10). 하나님이 치시는 것은 사람이 치시는 것보다 훨씬 무섭습니다. 사실 남이 변하기를 바라는 것보다 어리석은 생각은 없습니다. 내가 변하는 것이 훨씬 현명할 때가 많습니다.

그리고 가능하면 자기를 괴롭히는 사람을 위해 예수님 말씀처럼 복을 빌어 주십시오. 그게 결국은 자기를 위하는 길이 됩니다. 저는 다윗이 자기를 그렇게도 미워하며 수차례 죽이려고까지 했던 사울에게 오히려 사랑을 베풀었던 것을 생각하면서, 마태복음 10장 12-13절 말씀을 떠올립니다. 예수님이 하신 말씀입니다 :

"또 그 집에 들어가면서 평안하기를 빌라. 그 집이 이에 합당하면 너희 빈 평안이 거기 임할 것이요, 만일 합당치 아니하면 그 평안이 너희에게 돌아올 것이니라."

얼마나 기가 막힌 말씀입니까? 내가 남을 위하여 오히려 평안을 빌고 축복을 빌면, 그게 중간에서 없어지지 않고 어떤 형태로든 이루어 진다는 것입니다. 내가 복을 빈 대상이 복을 받든지, 아니면 다시 그 복이 내게로 돌아오든지 한다는 말입니다. 마찬가지로 내가 남을 저주하고 비난할 경우, 이러한 저주와 비난을 상대방이 받지 않으면 그게 또 내게 다시 돌아온다고 하는 말과도 같습니다. 마치 부메랑을 던질 때와 꼭 같은 원리이지요. 반드시 던진 사람에게 돌아오는 부메랑말입니다. 베드로전서 3장 9절에도 이와 같은 원리가 나옵니다 :

"악을 악으로 욕을 욕으로 갚지 말고 도리어 복을 빌라. 이를 위하여 너희가 부르심을 입었으니, 이는 복을 유업으로 받게 하려 하심이라."

그래서 여러분, 가능하면 누구에게든 좋은 말을 하고 평안을 빌고 복을 비십시오. 결국 이것이 여러분에게 복이 될 것입니다. 목사님이 나를 시험 들게 하시더라도, 오히려 그분을 위해 기도하십시오. 결국 이것이 하나님이 원하시는 것입니다. 이것이 하나님이 기름 부어 주신 이를 다윗처럼 인정한다고 하는 올바른 태도입니다.

이제 우리는 다윗을 통해서 어떤 모습이 과연 하나님을 기뻐하는 모습인가를 배웠습니다. 우리도 다윗처럼 하나님을 기뻐하면 하나님도 우리를 보시고 기뻐하실 것입니다. 잠언 16장 7절에 참으로 귀한 말씀이 나옵니다 :

여호와 닛시 !

"사람의 행위가 여호와를 기쁘시게 하면 그 사람의 원수라도
그로 더불어 화목하게 하시느니라."

그렇습니다. 우리가 하나님만 기쁘시게 하면 원수까지도 우리와 화
목하게 된다고 하였습니다. 이런 축복이 어디에 있단 말입니까?

하나님만 바라보라

수많은 실수에도 불구하고 다윗이 축복을 받았던 마지막 이유는, 다
윗이 어떤 경우에도 하나님만을 바라보았다는 것입니다. 물론 교만한
마음에 하나님의 허락도 없이 인구조사를 시키는 실수를 범했지만, 다
윗은 그 즉시 잘못을 깨달아 오직 하나님께 매달렸습니다. 다윗은 누
구보다도 하나님을 잘 아는 사람이었습니다.

성경에 보면, 다윗만큼 파란만장한 삶을 산 사람도 없습니다. 일국
의 왕으로서 권력을 누리기도 했지만, 그 영광은 잠시뿐이었습니다.
왕이 되기 전부터, 그리고 왕이 되고 나서도, 심지어 아들 압살롬에게
까지 배신을 당하여 생명을 보존하고자 궁전을 버리고 방황하게 되는
비참한 삶을 살아갑니다. 그러나 아무리 기가 막히는 경우를 당해도
다윗은 하나님을 원망하지 않고 오직 하나님만 바라보고 모든 소망을
하나님께 두었습니다(시편 39:7).

시편 3편 2절처럼, 오죽 했으면 주위에 있던 사람들이 다윗을 보고
하나님이 과연 계시는가 하고 비웃었겠습니까? 하나님을 잘 믿는다고
하는 사람이 하는 일마다 일이 꼬이고 잘 안 되고 이상한 방향으로만
나아가고 하니까, 도대체 그 하나님은 계시는가 안 계시는가 하고 주

실수하는자의 표본＊다윗

위에 있는 사람들이 충분히 비웃었을 수 있습니다. 그러나 다윗은 누가 비웃건 말건 일이 잘 되건 안 되건, 하나님만 바라보면서 조금도 개의치 않았습니다. 오히려 그런 이들에게는 시편 14편 1절처럼, "어리석은 자는 그 마음에 이르기를 하나님이 없다 하도다"라고 일축해 버렸습니다. 그리고 힘들고 지치며 외로울 때 다윗은 이렇게 노래했습니다 :

"나의 힘이 되신 여호와여, 내가 주를 사랑하나이다."(시편 18:1)

그렇습니다. 여호와는 나의 힘이 되십니다. 그래서 내가 주님을 사랑합니다. 그래서 내가 날마다 주님을 바라보아야 할 이유가 있습니다. 시편 25편 5절에서, 다윗은 "내가 종일 주를 바라나이다"라고 고백하고 있습니다. 이 얼마나 아름다운 고백입니까? 우리도 정말 다윗같이 하루종일 주님만을 바라볼 수 있다면 얼마나 좋을까요?

다윗은 늙어서도 변치 않고 하나님을 바라보았습니다. 시편 71편 18절에는, 늙은 다윗이 하나님께 마지막 소망을 간구하는 내용이 나옵니다 :

"하나님이여, 내가 늙어 백수가 될 때에도 나를 버리지 마시며, 내가 주의 힘을 후대에 전하고 주의 능을 장래 모든 사람에게 전하기까지 나를 버리지 마소서."

아, 정말 눈물이 날 정도로 뜨거운 하나님에 대한 사랑이 아닐 수 없습니다. 다윗은 아마 자신이 늙어서 하나님을 모른다고 할까 염려하여 끝까지 자기를 버리지 말아 달라고 이렇게 간청했을 겁니다.

여러분, 우리도 이런 기도가 필요합니다. 우리가 늙어 노망이 들어

여호와 닛시!

혹시 하나님을 모른다고 할지 누가 압니까? 생각만 해도 끔찍하지요? 그래서 젊어서 정신이 멀쩡할 때 부지런히 하나님을 바라보는 연습을 하십시다. 그래야 늙어서도 자동적으로 바라볼 수 있습니다. 자, 지금까지 우리는 다윗이 범했던 세 가지 중대실수와, 그럼에도 불구하고 축복받을 수 있었던 세 가지 축복비결에 대해 은혜를 나누었습니다.

여러분, 우리는 날마다 넘어집니다. 그리고 날마다 실수합니다. 그러나 여러분이여, 그 순간에 다윗이 됩시다. 상한 심령으로 하나님께 나간 다윗이 됩시다. 어떤 환난에서도 찬양하고 여호와를 기뻐한 다윗이 됩시다. 어떤 경우에 처했을지라도, 하나님만을 바라보았던 다윗이 됩시다. 열왕기상 2장 1절에 보면, 이제 다윗이 죽을 날을 앞두고 그 아들 솔로몬에게 유언을 남기는 장면이 나옵니다 :

> "내가 이제 세상 사람들의 가는 길로 가게 되었노니, 너는 힘써
> 대장부가 되고 네 하나님 여호와의 명을 지켜 그 길로 행하라."

험난한 일생을 사는 동안 다윗이 간직했던 결론적인 신앙고백입니다. 다윗은 이렇게 늙어서까지 하나님을 바라보다가 70세에 죽어 하나님 품으로 돌아갔습니다. 다른 인물에 비하여 비교적 일찍 죽었지요. 하나님께서 다윗을 너무 사랑하셔서 일찍 부르셨던 것 같습니다. 하나님께 사랑을 너무 받아도 문제가 있습니까?

끝으로, 꼭 한 말씀 더 드리고 싶은 것이 있습니다. 저는 다윗에 관한 성경기록을 세밀히 뜯어보면서 새로운 사실을 하나 발견했습니다. 그것은 비록 다윗이 왕의 권좌에 있었을지라도, 결코 왕의 권위를 내세우지는 않았다는 것입니다. 오히려 왕이지만 가장 낮은 이처럼 행동

하고, 잘못이 있으면 솔직하게 인정하며, 동시에 지체 없이 회개했습니다. 이러한 왕을 백성들은 더욱 존경하고 따랐습니다. 만일 다윗이 왕이랍시고 왕의 권위를 내세워 백성들에게 그렇게 받들어 주기를 강요하고 억지로 스스로의 권위를 내세우려고 했다면, 과연 그러한 존경과 사랑을 받을 수 있었을까요? 권위는 억지로 자기가 세우는 것이 아닙니다. 여러 사람에 의해 저절로 세워져야 진정한 권위가 됩니다.

성경에는 2930명의 인물들이 등장합니다. 그 많은 사람들 중에서 정말 다윗만큼 우리에게 강렬한 인상과 도전을 주는 사람이 있을까요? 세상에는 겉으로는 그럴듯하게 보이는 사람들이 많이 있습니다. 지위가 높아지면 그에 걸맞은 품격이 따라야 합니다. 특별히 어느 단체나 사회나 국가를 이끌고 있는 지도자는 반드시 그에 따르는 도덕적·인격적·영성적 충만함이 갖추어져야 합니다.

위대한 지도자들 가운데서도 다윗과 같은 특별한 지도자가 될 수 있는 조건이 있습니다. 그것은 '위대한 인간', '위대한 국가', '위대한 계기'라는 삼박자가 잘 맞아 떨어져야 한다는 것입니다. 위대한 인간도 하나님이 함께 하실 때 가능한 것입니다. 위대한 국가도 하나님의 섭리 아래 가능한 것입니다. 위대한 계기도 하나님이 허락하시는 환경속에 존재하는 것입니다. 하나님을 떠나서는 그 어떤 것도 이루어질 수 없습니다. 바로 이 위대하신 하나님을 깊이 신뢰하며, 날마다 그분의 뜻을 좇아 겸손하게 살아가는 삶이야말로 이 세상에서 가장 '위대한 삶'일 것입니다.

노병천 ●지은이

현재 육군진격교회 장로이며, 현역 대령으로서 오랫동안 전사와 병법과 전략 분야를 연구해 온 군사전문가이다. 그 동안 이와 관련한 책을 많이 펴냈는데, 특히 이스라엘·이집트·요르단 등 현지 답사 결과를 토대로 집필한 〈성경의 전쟁사〉는 많은 목회자와 신학생과 일반 대중들에게 지금도 널리 읽혀지고 있다. 그리고 미주지역 목회자 특별세미나 등 국내외 여러 곳에서 그의 독특한 분야인 성경의 전쟁사를 강의하고 있다. 지은 책으로 〈성경의 전쟁사〉〈도해 세계전사〉〈도해 손자병법〉〈이것이 한국전쟁이다〉〈이순신의 완전한 승리〉 등이 있다.

여호와 닛시!

초판1쇄인쇄 2001년 7월 5일
초판1쇄발행 2001년 7월 15일

지은이 노병천
펴낸이 길청자
펴낸곳 도서출판 아침
등록 제7호 (1999.1.7)

기획·제작 열린마당
총판 생명의 샘(02)-419-1451

---

* 정가는 뒷표지에 표시되어 있습니다.
* 잘못 만들어진 책은 책방에서 바꾸어 드립니다.

ⓒ노병천, 2001

* 가까운 책방에 책이 없을 때에는 080-365-7878(수신자 부담 전화)로 전화주시면
  송료 본사부담으로 책을 보내드립니다.

ISBN 89-88764-15-3 03230